AF301187

Willebadessener Historische Schriften

Band 4

Herausgegeben von

Gerd Grasse und Thomas Thalmaier

Philipp von Boeselager

Mein Weg zum 20. Juli 1944

Herstellung und Verlag:

BoD – Books on Demand, Norderstedt

ISBN 9783755758990

Raban Graf von Westphalen (Hg.)

Philipp Freiherr von Boeselager

Mein Weg zum 20. Juli 1944

Bericht eines Beteiligten

Inhalt

Betritt man den Innenhof der ehemaligen fürstbischöflichen Residenz Schloß Neuhaus, weist eine Tafel den Besucher am Eingang zum Museum darauf hin, daß das Gebäude von 1820 bis 1945 als militärische Kaserne berittener Einheiten sowohl der Reichswehr als der Wehrmacht diente. Seit 1919 war das Kavallerieregiment 15 hier stationiert. Diesem Regiment gehörten die aus Heimerzheim/Bonn stammenden Brüder Georg und Philipp Freiherren von Boeselager an, die 1934 bis 1939 (Georg) und von 1936 bis 1939 (Philipp) hier ihre militärische Grundausbildung absolvierten.

Philipp Freiherr von Boeselager wurde am 10.12.1941 an der Ostfront schwer verletzt und nach sechsmonatigem Lazarettaufenthalt im Juni 1942 als Ordonnanzoffizier von Generalfeldmarschall von Kluge, Oberbefehlshaber der Heeresgruppe Mitte, eingesetzt.

In diesem Jahr lernte Philipp von Boeselager auch Hennig von Tresckow, den ersten Generalstabsoffizier der Heeresgruppe Mitte und Kopf des militärischen Widerstandes gegen das Hitlerregime kennen. Philipp Boeselager schloss sich seiner Widerstandsgruppe an.

Als sich 1943 bei einem Besuch der Ostfront Hitlers die Möglichkeit für ein Attentat ergab, meldeten sich die Brüder Boeselager freiwillig für die Ausführung. Hitler sollte erschossen werden, was aber Generalfeldmarschall von Kluge untersagte, weil er bürgerkriegsähnliche Zustände zwischen Heer und der nationalsozialistischen Organisation der SS („Schutzstaffel") befürchtete.

Zusammen mit seinem Bruder Georg gehörte Philipp von Boeselager zu den Verschwörern des Attentats vom 20. Juli 1944. Er kommandierte am 18. Juli 1944 sechs Schwadrone (1200 Mann), die mit den Pferden zunächst in Richtung Brest-Litowsk ritten. Dann sollten sie mit Lastkraftwagen nach Warschau fahren und von dort ins „führerlose" Berlin fliegen, um das Reichssicherheitshauptamt zu besetzen. Als Philipp von Boeselager vom Scheitern des Anschlags auf Hitler erfuhr, ließ er sofort kehrtmachen und rückte unbemerkt wieder in die alten Stellungen ein. Er überlebte, weil alle Mitverschwörer selbst unter der Folter über seine Beteiligung geschwiegen hatten.

Georg von Boeselager fiel am 27.08.1944 an der Ostfront; sein Bruder Philipp starb am 1.05.2008 auf seinem Wohnsitz in Ahrweiler.

Philipp von Boeselager hat 2004 in unserer Burg in Großbodungen /Thüringen einen Vortrag über die Vorgänge um den 20. Juli 1944 gehalten. Das nachfolgende Vortragsmanuskript hat er mir zur Verwendung überlassen; die Fußnoten wurden hinzugefügt ebenso wie die Literatur und das Bildmaterial.

Dank gebührt Dela Freifrau von Boeselager und Dr. Andreas Neuwöhner (Stadt Paderborn).

Die Gedenkstätte Deutscher Widerstand (Berlin) hat dankenswerterweise die illustrierenden Fotografien zur Verfügung gestellt. Bei ihr und der Familie von Boeselager liegen die Bildrechte.

Paderborn im Juli 2021   *Prof. Dr. Raban Graf von Westphalen*

Raban Graf von Westphalen

Philipp Freiherr von Boeselager
Anmerkungen zu seinem Leben

a.) Vor dem 20. Juli 1944

Philipp Freiherr von Boeselager wurde am 6.9.1917 auf der aus dem 12. Jahrhundert stammenden Wasserburg Heimerzheim nahe Bonn geboren. Sein ihm eng verbundener Bruder Georg kam zwei Jahre vor ihm, am 25.8.1915 in Kassel zur Welt. Philipp war das fünfte Kind des Albert Freiherrn von Boeselager (1883-1956) und seiner Frau Marie-Theresia, geb. Freiin von Salis-Soglio (1890-1968). Die Burg Heimerzheim befindet sich in der sechsten Generation – seit 1825 – im Besitz der Familie. Heute dient das Anwesen als Hotel.

Boeselager (auch: Böselager) ist der Name eines rheinisch-westfälischen Adelsgeschlechtes, welches bereits 1363 in einer Urkunde des Erzstifts Magdeburg erwähnt wird.

Im Rahmen einer vom rheinischen Katholizismus geprägten, im Grundverständnis antipreußischen Erziehung legte Philipp von Boeselager 1936 im Aloisius-Kolleg der Jesuiten in Bad Godesberg

sein Abitur ab und trat – wie sein zwei Jahre älterer Bruder Georg
– 1936 dem in Schloß Neuhaus stationierten Reiterregiment 15 in
Paderborn bei. Diesem gehörten auch sein älterer Bruder Antonius
(Tonio) (1911-1941) als Reservist an und der jüngste der Brüder,
Wilderich (1921-1941).

Philipp Freiherr von Boeselager,
ca. 1942

In einem Gespräch antwortete Philipp von Boeselager auf die Frage, welche Vorstellungen sich für ihn mit dem Berufswunsch des
Offiziers verbinden: "Eine Karriere beim Militär, so glaubten wir
damals etwas blauäugig, sei eine Möglichkeit, seinem Land zu dienen, ohne sich der NS-Herrschaft zu verschreiben. Die Armee
schien die einzige Institution zu sein, die ihren Grundsätzen treu
geblieben war und Dank Korpsgeist und Vitalität ihre Identität und

vor allem ihre Eigenständigkeit gegenüber der zivilen Staatsmacht zu bewahren vermochte. Im Jahre 1934, so schien es zumindest, bot die militärische Laufbahn einem jungen Mann wie Georg (oder mir) die Möglichkeit, Tatendrang und Unabhängigkeit miteinander zu verbinden."[1] Gegenüber der Trierer Bistumszeitung „Paulinus" begründete 2004 Philipp von Boeselager seine Berufswahl „Soldat" mit dem Satz: "Der Soldat dient dem Staat, und den Staat betrachten wir als gottgewollt. Unrecht vom Staat - das war für uns undenkbar".[2] Dieses soldatische Verständnis führte auch im Zweiten Weltkrieg dazu, dass Nachrichten über Verbrechen im Hinterland der Front über lange Zeit des Krieges nur sehr zögerlich als wahr eingestuft wurden.

Nach der Kriegserklärung Deutschlands an Frankreich am 10.5.1940 wurde die Boeselagersche Aufklärungsabteilung zunächst im Frankreichfeldzug eingesetzt und im Frühjahr 1941 nach Ostpreußen verlegt. In den Kämpfen mit russischen Truppen wurde am 3.8.1941 Philipps Bruder Antonius von Boeselager – er war Leutnant einer Aufklärungs-Abteilung und sechs Jahre älter als Philipp - verwundet; er starb zwei Tage später bei Welish an der Düna.

1 Boeselager, Philipp von, Wir wollten Hitler töten. Ein letzter Zeuge des 20. Juli erinnert sich. Zus. mit Florence und Jerome Fehrenbach. München 2008, S. 22. (Der Untertitel ist geschichtlich irreführend und bedarf der Korrektur.)
2 Paulinus Wochenzeitung, "Sein Gewissen trieb ihn zum Widerstand", Nr. 24 (2004)

Georg von Boeselager, unter dessen Befehl sein gefallener Bruder gestanden hatte, gelang es mit Hilfe des Freundes Karl von Wendt[3] (1911-1942) Antonius nach Deutschland zu überführen; er wurde im Schloßpark in Heimerzheim beigesetzt. (Anders als im Ersten Weltkrieg war die Rückholung von Gefallenen im Zweiten Weltkrieg verboten.) Vier Monate später fiel auch der jüngste der Brüder Boeselager, Wilderich. Er war Leutnant einer Aufklärungs-Abteilung und starb bei einem Angriff nahe Leningrad am 30.11.1941 mit zwanzig Jahren. Sein Grab soll sich auf der Kriegsgräberstätte von Badrila befinden; ist dort aber nicht nachweisbar.

Am 10. Dezember 1941 wurde Philipp von Boeselager durch einen Bauchschuss schwer verletzt und lag sechs Monate im Marienhospital in Bonn. Nach seiner Genesung im Juni 1942 wurde er „Erster Ordonnanzoffizier" beim Oberbefehlshaber der Heeresgruppe Mitte, Generalfeldmarshall Hans Günter von Kluge[4].

Im Januar 1942 zeichnete Adolf Hitler Georg von Boeselager als 53. Soldaten der Wehrmacht mit dem „Eichenlaub zum Ritterkreuz" aus.[5]

3   Boeselager, Philipp von, ebenda, S.178f.; die Mitautorin Florence Fehrenbach ist die Enkelin von Karl von Wendt, vgl. das "Nachwort", S.178ff.
4   Vgl. Fußn. 58 im nachfolgenden Vortragstext.
5   Eine photographische Aufnahme dieser Verleihung findet sich in Boeselager, Philipp von, a.a.O., S.62; vgl. zu den weiteren Geschehnissen um Georg Boe-

Georg Freiherr von Boeselager,
ca. 1940

In dieselbe Zeit fällt die Entscheidung seines Bruders Philipp sich einer Widerstandsgruppe anzuschließen, der eine lange Phase schwerer innerer Kämpfe vorausging, wie er mehrfach schrieb: „Ich war nicht Offizier geworden, um den Staatschef wie einen Hund abzuknallen. Das Ende des Regimes zu betreiben und den Tod seines Oberhauptes zu wollen war in den Augen meiner Landsleute nicht nur ein Staatsverbrechen, sondern auch ein Dolchstoß in den Rücken des Volkes, das in einem gnadenlosen Krieg zusammenstand. (…) Bei mir sind mehrere Erfahrungen zusammengekommen und haben einen Entschluss zur Reife gebracht, den ich

selager: Doepgen, Heinz, Georg Freiherr von Boeselager (1915-1944), in: Hohmann, F. (Hg.), Deutsche Patrioten in Widerstand und Verfolgung 1933-1945. Paderborn 1986, S. 53ff. (= Gedenkbuch der Stadt Paderborn).

16

anfangs nur schwer hinnehmen mochte, der sich aber 1942 wie eine Pflicht aufdrängte. Ich hatte auch das Glück, Menschen zu begegnen, die in dieser Entwicklung schon weiter fortgeschritten waren und meinem Engagement Gestalt gegeben haben. Unsere gemeinsame Erziehung hat gewiss dazu beigetragen, dass Georg und ich, obwohl durch die Kriegsereignisse der Jahre 1941/42 getrennt und auf einen sporadischen, kurzen Austausch zu diesem Thema beschränkt, dennoch parallele Wege gegangen sind."[6]

Philipp von Boeselagers Weg zum 20. Juli ist Gegenstand seines anschließend abgedruckten Vortrages.

b.) Nach dem 20. Juli 1944

Dank der Verschwiegenheit der Mitverschwörer überstanden Philipp und Georg von Boeselager die Verfolgungen von Mitwissern und Tatbeteiligten des 20. Juli unbehelligt. Gleichwohl war es für die Brüder eine Zeit großer Hoffnungslosigkeit, wie Philipp von Boeselager schreibt. Ein weiteres Attentat auf Hitler schien ausgeschlossen, die Wehrmacht hatte jeden Einfluss auf den Diktator verloren. Das soldatische Verständnis verlangte von ihm, weiter zu

6   Boeselager, Philipp von, a.a.O., S 64 f.

kämpfen, um die Landsleute zu schützen. Zugleich war ihm bewußt, dass er durch seinen kämpferischen Einsatz die Herrschaft Hitlers verlängerte. Er zweifelte aber keinen Tag daran, dass sein Bleiben bei der Truppe moralisch gerechtfertigt war.[7] Die Angst, entdeckt zu werden, aber blieb. Hans-Ulrich von Oertzen und Hans Alexander von Voss[8] hatten sich - wie Henning von Tresckow- selbst getötet, der Kreis um Treskow war hingerichtet worden. Allesamt Soldaten, die den Boeselager-Brüdern Orientierung gegeben hatten.

Am 27.8.1944 fiel Georg Boeselager bei einem Angriff auf eine russische Schützendivision nahe dem Ort Lady-Mans /Polen im Rang eines Oberst, ausgezeichnet mit der Verleihung der Schwerter zum Ritterkreuz des Eisernen Kreuzes mit Eichenlaub; er ist in Heimerzheim beigesetzt. Dort wird an ihn erinnert, seitdem 1993 die damalige Gemeinschaftsgrundschule Swisttal in die „Georg-von Boeselager-Schule" umbenannt wurde.

Philipp von Boeselager kam hoch ausgezeichnet aus dem Krieg zurück – u.a. Ritterkreuz, Eisernes Kreuz II. und I. Klasse, Nah-kampfspange in Bronze, Verwundetenabzeichen in Silber – und begann nach dem Krieg Jura und Volkswirtschaft in Bonn und Köln

---

7 Sinngemäß a.a.O., S. 121
8 Vgl. die biographischen Hinweise in den Fußnoten zum Vortragstext

zu studieren. Aber erst, als dem englischem „Educations Officer" (Beauftragter in der englischen Besatzungszone für das Hochschulwesen) die Beteiligung Philipp von Boeselagers am Attentat auf Hitler bekannt war, durfte er als „Ritterkreuzträger" ungehindert studieren. 1948 heiratete er Rosa Maria Gräfin von Westphalen-Fürstenberg (1924-2014) aus Laer/Meschede. Aus der Ehe gingen vier Kinder hervor. Die Familie lebte auf der Burg Kreuzberg in Altenahr. Neben der Führung des familiären Forstbetriebs im Ahrtal engagierte sich Philipp Boeselager in der forstlichen Interessenvertretung auf Landes- und Bundesebene vor allem in der Arbeitsgemeinschaft Deutscher Waldbesitzerverbände, deren Vorsitzender er 20 Jahre (1968-1988) war. Zugleich verbinden sich mit seiner Person die Entwicklung des Malteser-Hilfsdienstes und die Krankenwallfahrten nach Lourdes. Philipp Boeselager empfand es als seine Aufgabe in Lourdes Deutsche und Franzosen, im Geiste der Versöhnung zusammenzuführen. Das Bistum Trier ehrte Philipp Boeselager 2004 mit der Verleihung der Bistumsmedaille als „Zeichen des Dankes und der Anerkennung" für sein verdienstvolles Wirken in der Trierischen Kirche, in Sonderheit für die Gründung des Malteser-Lourdes-Krankendienstes. Der Regent des deutschen Subpriorats des Souveränen Malteserordens, Johannes Freiherr von Heeremann, charakterisierte auf dem Staatsakt für den Verstorbenen Philipp von Boeselager, als „ Pirat und Konservativen, Rebell und Demokraten, Soldaten und Widerständler, gelegentlich auch Sturkopf, Rennreiter, Ritter, Jäger, Naturliebhaber, Büchernarr, Erzähler und Familienvater."[9] Eine Reihe von weiteren Auszeichnungen geben seinen caritativen Tätigkeiten Ausdruck. U.a. ist er Träger des „Großen Bundesverdienstkreuzes des Verdienstordens der Bundesrepublik Deutschland" (1989), „Offizier der Französischen Ehrenlegion" (2004) und Inhaber des „Verdienstordens des Landes Rheinland-Pfalz" (2007). Der Geehrte stehe für des „moralische Gewissen Deutschlands", so der damalige Ministerpräsident des Landes Rheinland-Pfalz, Kurt Beck, in seiner Rede zur Verleihung. In den Jahren 1950-54 gehörte Philipp Boeselager dem Personalgutachteraussschuss der Bundeswehr an, welcher über die Einstellung von ehemaligen Wehrmachtsoffizieren in die Bundeswehr entschied. Er selbst diente später als Oberstleutnant der Reserve. Die Bundeswehr ehrte ihn durch die Benennung verschiedener Kasernen in Flensburg, Munster, Grafschaft und Gelsdorf mit seinem Namen. Diese Einrichtungen stehen alle in der Funktion der militärischen Aufklärung und knüpfen insofern an das Kavallerieregiment 15 in Paderborn an.

9   Zitiert nach Rhein-Zeitung, Koblenz v. 7.5.2008

Im Jahre 2010 wurde die Realschule in Bad Neuenahr- Ahrweiler in „Philipp Freiherr-von-Boeselager Realschule Ahrweiler" umbenannt.

Wenn Philipp Boeselager sein Buch „Wir wollten Hitler töten"[10] dem Gedächtnis seiner verstorbenen Freunde unter der Formel widmet: „Nur ihrem Gewissen verpflichtet haben sie ihr Leben hingegeben, um ihre Ehre und die ihres Vaterlandes zu bewahren." Sie folgten dem Grundsatz: Etsi omnes, ego non[11]. (Selbst wenn alle, ich nicht!), so trifft dieser Grundsatz auch auf ihn und sein außergewöhnliches Leben zu.

Mitte: Georg von Boeslager, rechts: Hans-Ulrich von Oertzen, links: unbekannt

10 Vgl. Fußn.1
11 Fachwerk-Inschrift auf der Kreuzburg/Ahrweiler

Herzlich möchte ich mich für die freundlichen Worte der Begrüßung durch Gräfin Westphalen bedanken und, bevor ich meinen Vortrag beginne, mich bei Ihnen allen entschuldigen, weil mein Vortrag zu lange dauert. Aber mein Weg von der Skepsis gegenüber den Nazis über die Ablehnung zum Widerstand mit den ganzen damit zusammenhängenden Fragen war ein langer Weg, den ich Ihnen nicht in zwei Sätzen erläutern kann: Ich war nicht Offizier geworden, um mein Staatsoberhaupt zu erschießen.

Philipp von Boeselager,
ca. 2004

Ich rede ungern über diese Zeit. Einmal sind die Überlebenden einer Tragödie niemals deren Helden. Außerdem war diese Zeit voller persönlicher Ängste, eine Zeit der Trauer, des Abschieds von vielen Vorstellungen über Deutschland, über seine Menschen; es war eine Zeit entsetzlicher Verluste an Menschen, an Freunden und Geschwistern. Zugleich war es eine Zeit der Entleerung aller moralischer und sittlicher Werte und Kräfte, auf die ich gebaut hatte, die mich lange getragen haben.

Eine Zeit schließlich, in der man täglich einsamer wurde, und in der es für mich dann ganz am Ende als Regimentskommandeur nur noch darum ging, mit möglichst geringen Verlusten die Soldaten nach Hause zu bringen. Denn es konnte nicht mehr darum gehen, Deutschland zu retten oder seine alten Grenzen zu erhalten; eine Vorstellung, die für mich beinahe unerträglich war.

Mit meinem heutigen Vortrag genau nach 60 Jahren komme ich aber auch einer Dankespflicht nach gegenüber den Männern aus der sogenannten Führungsstaffel des Stabes der Heeresgruppe Mitte[12]: Henning von Tresckow[13] als ihr geistiger Führer, Fabian Lud-

---

12 Heeresgruppe Mitte war die größte der drei deutschen Heeresgruppen; sie bildete das Zentrum der Aufmarschpläne gegen die Sowjetunion. (Vgl. F. Kurowski, 2001)
13 Henning von Tresckow (1901-1944), zuletzt Generalmajor der Wehrmacht; Kopf des militärischen Widerstands gegen die Nationalsozialisten; 1943 Attentatsversuch auf Hitlers Flugzeug.

wig von Schlabrendorff,[14] Berndt von Kleist[15], Georg Schulze–Büttger[16], Hans-Ulrich von Oertzen[17] und Rudolf- Christoph von Gersdorff[18] sind für mich Vorbilder geworden. Aufgrund ihrer zutiefst religiösen Verwurzelung, ihrer Vaterlandsliebe und ihrer Pflichtauffassung waren sie die Prototypen eines „Johanniter-Ritters"[19], wenn sie auch größtenteils formell nicht diesem Orden angehörten.

Ich habe trotzdem, nicht ohne Bedenken, diese Einladung angenommen, da ich zur Erklärung meines Weges zum 20. Juli 1944 doch darauf hinweisen muß, dass in meiner rheinischen Heimat nach dem Kulturkampf[20] das Klima sehr antipreußisch war. Im Kulturkampf waren alle katholischen Bischöfe in Preußen entweder eingesperrt oder ihnen war zumindest die Ausübung ihres Amtes untersagt.

Zudem hatte die Preußische Verwaltung unter Bismarck dem rhei-

---

14 Fabian Ludwig von Schlabrenndorff (1907-1980), Adjutant von Tresckow
15 Berndt von Kleist (1896-1976); Oberst bei der Herresgruppe Mitte; Vertrauter von v. Treskow
16 Georg Schulze-Büttger (1904-1944); Generalstabsoffizier, Vertrauter von Tresckow
17 Hans-Ulrich von Oertzen (1915-1944); Major im Stab von Tresckow
18 Rudolf-Christoph von Gersdorff (1905-1980); Generalstabschef 7. Armee
19 Im „Johanniterorden" werden die ca. 4000 Mitglieder als „Ritter" bezeichnet.
20 „Kulturkampf" bezeichnet den Konflikt zwischen Preußen bzw. dem Deutschen Kaiserreich z.Zt. des Reichskanzlers Otto von Bismarck und der katholischen Kirche

nisch-westfälischen Adel tiefe Wunden geschlagen. Sicherlich unter Wilhelm II. war der Kulturkampf begraben worden, aber seine Wunden waren noch lange spürbar.

So hatte man meinen Großvater, der als Beamter der Regierung in Kassel an einer Fronleichnamsprozession teilgenommen hatte, nach Königsberg strafversetzt, „damit man nicht von einem preußischen Beamten sagen könne, er fördere den katholischen Kultus" - so die Begründung; er nahm seinen Abschied von der preußischen Verwaltung.

Mein Großonkel mußte nach England auswandern, da der Jesuitenorden, dem er angehörte, in Preußen verboten war. Beim Urgroßvater meiner Frau[21], dem Grafen Westphalen in Fürstenberg,[22] waren alle Gutswagen dazu benutzt worden, sonntags die Dorfbewohner in die Kirche der Nachbarpfarrei Wünneberg zu fahren, weil es in Fürstenberg keinen Pfarrer gab. Eine neue Besetzung der Pfarrstelle war verboten worden. Man fuhr nach Wünnenberg, nicht etwa weil man frommer war als heute und keine Mühe scheute, sonntags in die Kirche zu gehen, nein, man wollte seine antipreußische Gesinnung zeigen.

21 Philipp Boeselager war seit 1948 verheiratet mit Rosa Maria Gräfin von Westphalen (1924-2014)
22 Clemens August Graf von Westphalen (1805-1885), wohnhaft in Fürstenberg/ Wünnenberg , 30 km südlich von Paderborn

So war man aus den Kulturkampf-Erfahrungen heraus dem Staate gegenber skeptisch eingestellt, und die Zeit war zu kurz gewesen, um sich mit Preußen wirklich zu versöhnen.

Dies hatte für die Weimarer Zeit schlimme Folgen, da man auch diesem Staate zurückhaltend, ja mit äußerster Skepsis gegenüberstand. Und wenn der Widerstand gegen Hitler etwas Positives erreicht hat, dann ist es, daß die beiden Kirchen im Kampf gegen den Antichrist zusammengerückt sind. Die Ökumene hat in Hitlers Konzentrationslagern ihren Ursprung.

Mit knapp 11 Jahren kam ich ins Internat nach Godesberg (Aloisius-Kolleg). Dort waren schon meine älteren Brüder. Der Rektor der Schule war ein hoch dekorierter Offizier aus dem 1. Weltkrieg. Der Wahlspruch der Schule war „Deo, Patriae, Vitae", „Für Gott, fürs Vaterland, fürs Leben!". Welche Schule würde sich diesen Wahlspruch heute wählen? Man lernte mehr Haltung als Wissen, obwohl es auch daran nicht fehlte. Man lernte jedenfalls das Wichtigste, das man auf der Schule lernen kann: Man lernte zu lernen.

1934, ich war in der 11. Klasse, wurde ich schon ein wenig vom Nationalsozialismus kuriert. Und das geschah so: Ein Freund und ich hörten, daß Hitler im Rheinhotel „Dreesen" in Godesberg wohnte und wir beschlossen, uns Hitler einmal aus der Nähe anzusehen. Wir ahnten nichts vom „Röhmputsch", verließen ohne Erlaubnis das Internat und schlichen zum Hotel Dreesen hinunter. Dort wurden wir sogleich von irgendwelchen SS-Wachen festgenommen und wegen unserer offensichtlichen Harmlosigkeit nur in eine Garage eingesperrt. Hinter uns knallte die Tür zu, und wir saßen 24 Stunden drin. Wir bekamen in der Zeit nichts zu essen und, was noch viel schlimmer war, wir bekamen Angst, daß die Jesuiten (im Aloisius-Kolleg) unser Fehlen bemerkt hätten.

Das hätte hinterher sehr unangenehm werden können. So schlichen wir nach unserer Freilassung „bedröppelt" ins Kolleg. Zu unserer Überraschung stellten wir fest, daß Niemandem unser Fehlen aufgefallen war. Diese Stunden in der Garage haben unsere Liebe zu den Nazis nicht gesteigert.

Noch einmal zurück in die Zwanziger Jahre: Da das wirtschaftlich völlig ruinierte Deutschland die hohen französischen Reparationen nicht bezahlen konnte, wollten sich die Franzosen statt des Geldes Naturalien in Form von Kohlen selbst aus dem Ruhrgebiet holen und besetzten es im Juni 1923. Es kam zum Generalstreik, zum Boykott der unter französischer Regie stehenden Reichsbahn. Damals fuhr man im Rheinland unter keinen Umständen mit der französisch beschlagnahmten Reichsbahn. Wer mit der Bahn fuhr, wurde ausgejohlt. Man fuhr weite Strecken mit der Trambahn, da diese unter städtischer Regie fuhr. Man nahm heldenhaft tagelange Fahrten in Kauf, um nicht mit der französischen Regiebahn zu fahren.

Die Deutschen hatte keine Kohle und froren, mußten aber zusehen, wie die Kohle nach Frankreich gefahren wurde. Der Haß gegen die Franzosen wuchs.

Bis 1928 waren große Teile des Rheinlandes auch nach der Ruhrbesetzung[23] noch besetzt, und die Eltern konnten nicht zur Beerdigung meiner Großmutter fahren, da die Franzosen meinem Vater die Einreise in die französische Zone verweigerten, weil er Reserve-Offizier im Ersten Weltkrieg gewesen war. Mit diesen Schikanen wuchsen wir auf. Am Aloisiuskolleg in Godesberg wurde der Leiter von den Schülern gefeiert, als er beim Anblick einiger französischer Soldaten das Deutschlandlied angestimmt hatte. Das Singen des Deutschlandliedes war den Deutschen verboten, und da Pater Seelen Holländer war, konnten die Franzosen ihm nichts tun. So leistete man Widerstand mit Begeisterung.

Dazu kam die wirtschaftliche Misere. Durch die Inflation Anfang der 1920er Jahre war das Bürgertum verarmt und hatte kein Geld zum Kauf des Nötigsten, und durch die Weltwirtschaftskrise An-

23 Im Januar 1923 besetzten französische und belgische Truppen die bisher unbesetzten Teile des Ruhrgebietes. Die Besetzung die eine Welle der Empörung in Deutschland auslöste, endete im August 1925.

fang der 1930er Jahre stieg die Zahl der Arbeitslosen rapide auf 6
Millionen an. Alles – Industrie, Handel und Landwirtschaft – war
hoch verschuldet. Dabei verschärfte sich die innenpolitische Situa-
tion immer mehr. Die Vielzahl der politischen Parteien schwächte
Deutschland nach innen und außen, und die Mitte wurde zwischen
den Radikalen von rechts und links zermahlen. Die beiden extre-
men Flügel, die sich bis auf das Blut bekämpften, bekamen immer
mehr Zulauf, und es spitzte sich immer mehr auf eine Machtübernahme durch die Kommunisten oder Nazis zu.

Die Nazis kamen 1933 an die Macht, und in der Wirtschaft ging es
von einem Tag zum anderen aufwärts.

Die angestrebte Autarkie, also der Versuch möglichst viel im eigenen Lande zu erzeugen, führte zu einem Preisanstieg, und mit dem
so verdienten Geld konnten die Betriebe ihre Schulden zurückzah-
len. Mit der ab 1936 stärker einsetzenden Aufrüstung hielt Hitler
sein Versprechen, „die Ketten von Versailles" zu brechen. Den wirt-
schaftlichen Aufschwung möchte ich mit wenigen Zahlen erläutern:
Die Arbeiter, die bisher KPD und SPD gewählt hatten, liefen scha-
renweise zu den Nazis, die sie mit ihren sozialen Leistungen überzeugt hatten. Die Deutsche Arbeitsfront (DAF), Nachfolger der Ge-
werkschaften, ermöglichte mit dem Volkswagen-Sparsystem den
Erwerb eines luftgekühlten 6,5 Liter fressenden Autos für 1000

RM, und während vor 1933 kein Arbeiter sich Urlaub leisten konnte, fuhr ihn die KDF (Kraft durch Freude[24]) für 50 RM (ein Wochenlohn) für 14 Tage mit einem Luxusschiff nach Madeira.

Das soziale System, das wir heute haben, basiert weitgehend auf den sozialen Leistungen der Nazis, die damals in Europa einmalig waren. Für die Bauern wurden Marktordnungen eingeführt, die einen Erlösanstieg bis 1938 um 67% brachten.

Der Historiker Golo Mann (1909-1994) schrieb 1982: „Damit erhielt Hitler die Zustimmung von 9/10 der Bevölkerung". Ich schildere das so ausführlich, damit Sie verstehen, weshalb damals alle – fast alle – hinter Hitler standen.

Aber unbemerkt von der Öffentlichkeit schlug Hitler direkt nach der Machtübernahme den Weg in den Unrechtsstaat ein.

Nach dem Reichstagsbrand[25] kam Hitlers Ermächtigungsgesetz.[26]

Nur die Sozialdemokraten hatten gegen das Gesetz gestimmt und

24 1933 gegründete Organisation des Einheitsverbundes der Arbeitgeber und Arbeitnehmer als Deutsche Arbeitsfront (DAF) zur staatlich gelenkten Urlaubs- und Freizeitgestaltung der Bevölkerung mit dem Ziel, die Arbeiterschaft in die „Volksgemeinschaft" zu integrieren.
25 Das Reichstagsgebäude in Berlin wurde am Abend des 27.2.1933 im Auftrag der nationalsozialistischen Führung in Brand gesetzt; vermutlich durch ein SA-Kommando
26 Gemäß dem am 23.3.1933 verabschiedeten Gesetz „zur Behebung der Not von Volk und Reich" konnte die Reichsregierung ohne parlamentarische Beteiligung und ohne Gegenzeichnung durch den Reichspräsidenten Gesetze - auch Haushaltsgesetze – erlassen – daher „Ermächtigungsgesetz".

wanderten anschließend ins KZ. Auch der spätere Bundespräsident Theodor Heuss (1884-1963) hatte zugestimmt. Sollte man sich dagegen auflehnen? Der Reichstag war doch nur eine „Quatschbude" gewesen. Weshalb sollte er nicht ausgeschaltet werden?

Am 24. April 1934 war wegen des für die Nazis unbefriedigenden Ausgangs des Reichstagsbrand-Prozesses der berüchtigte Volksgerichtshof[27] gebildet worden. Am 30. Juni 1934 hatte Hitler den angeblichen „Röhmputsch"[28] niedergeschlagen.

Bei Röhm handelte es sich um den Führer der SA, einen Nonvaleur (wertloser Mensch), der damit kokettiert hatte, einmal Oberbefehlshaber des Heeres zu werden. Deshalb war er beim Heer höchst unbeliebt.

Hitler schlug nun den angeblichen Putsch, den Röhm mit seiner SA gegen den Staat führen wollte, nieder; und bei dieser Gelegenheit beseitigten die Nazis viele Feinde aus allen Lagern. Unter ihnen waren auch die Generäle von Bredow[29] und von Schleicher.[30] Letz-

27 Am 24.4.1934 als Sondergericht für Landes-und Hochverratssachen in Berlin eingerichtet, ab 1936 ordentliches letztinstanzliches Gericht.
28 Irreführende Bezeichnung für die Ereignisse im Juli 1934, in deren Verlauf Hitler die Führungskräfte der „Sturmabteilungen (SA)" - ca. 85 namentlich bekannte Personen, vermutlich ca. 150-200 insgesamt - einschließlich „Kampfbundführer" Ernst Röhm (1887-1934) - ermorden ließ.
29 Ferdinand General von Bredow (1884-1934), stellv. Reichswehrminister, Vertrauter des Generals Kurt von Schleicher (Fußn. 30); im Röhm-Putsch ermordet.
30 General Kurt von Schleicher (1882-1934), Dezember 1932/Januar 1933 letz-

terer war 1932 Reichskanzler gewesen. Beide wurden erschossen, und die Nazis rächten sich auch an Erich Klausener,[31] der als Leiter der Polizeiabteilung im preußischen Innenministerium die SA verboten hatte.

Die Reichswehr, froh ihre Konkurrenz in Person von Röhm verloren zu haben, ließ die Morde ungesühnt zu. Die seinerzeit vom Chef der Heeresleitung Generaloberst von Seeckt[32] zur „unpolitischen" Armee erzogene Reichswehr, die sich nicht in die Politik einmischen sollte - sie fühlte sich zu vornehm dazu – war damit zum Komplizen des Nationalsozialismus geworden.

Die Führer der Armee, Blomberg[33], Fritsch[34] und Beck[35], hatten zugeschaut. Nur der spätere Feldmarschall von Witzleben, der nach dem 20. Juli 1944 umgebracht wurde, hatte damals gegen Hitler

<hr>

ter Reichskanzler der Weimarer Republik; im Röhm-Putsch ermordet.

31 Erich Klausener (1885-1934) leitete auch die „Katholische Aktion"; im Röhm Putsch ermordet.

32 Hans von Seeckt (1866-1936), 1920-1926 Generaloberst und Chef der Heeresleitung der Reichswehr; maßgeblich am Konzept einer Überparteilichkeit der Reichswehr („Staat im Staate") beteiligt.

33 Werner von Blomberg (1878- 1946), ab 1935 Oberbefehlshaber der Wehrmacht und Reichskriegsminister, war weitgehend an der Einfügung der Wehrmacht in den NS-Staat verantwortlich; starb in amerikanischer Haft.

34 Werner von Fritsch (1880-1939), ab 1935 Oberbefehlshaber des Heeres, Leiter des Aufbau der Wehrmacht, nach 1937 Distanz zu Hitler.

35 Ludwig Beck (1880-1944), Generaloberst und Widerstandskämpfer, ab 1933 Chef des Generalstabs des Heeres, 1938 Rücktritt; war als Staatsoberhaupt nach erfolgreichem Umsturz 1944 vorgesehen; am Tag des Scheiterns erschossen.

vorgehen wollen, aber man hatte es ihm nicht erlaubt. Der eigentliche Sieger des Röhmputsches war nicht das Heer, sondern die SS, die aus dem Schatten der SA heraustrat.

Ich selbst war nach meinem Abitur und Ableistung meiner Arbeitsdienstpflicht im Herbst 1936 Soldat beim Kavallerie–Regiment 15[36] in Paderborn.

Am 5. November 1937 richtete Hitler eine programmatische Rede, aus der seine kriegerischen Absichten klar hervorgingen[37], an den Reichsminister von Blomberg, den Oberbefehlshaber des Heeres Freiherr von Fritsch, den Chef des Generalstabs Beck und Außenminister von Neurath[38]. Alle vier äußerten starke Bedenken gegen Hitlers Absichten. Nur ein halbes Jahr später, am 4. Februar 1938, fielen Blomberg und Fritsch Hitler zum Opfer, und Ribbentrop[39] löste Außenminister von Neurath ab.

Alles erregte starken Unwillen im Heer. Aber die Generalität stand

36 In derselben Einheit: Sein Bruder Georg von Boeselager (1915-1944); weiterführend Boeselager, Philipp von, Geschichte des 15. (preuß.) Reiterregiments und des Kavallerieregiments 15. Rede vom 22. Juni 1996 in Paderborn Schloß-Neuhaus o.O. o.J. (1996)
37 Gemeint(?) die sog. „Hoßbach-Niederschrift" der Besprechung in der Reichskanzlei vom 5.11.1937; Gegenstand waren die Kriegsabsichten Hitlers.
38 Konstantin von Neurath (1873-1956), 1932-1938 NS- Aussenminister, 1939-1943 Reichsprotektor in Böhmen und Mähren; in den Nürnberger Prozessen verurteilt, 1954 vorzeitig entlassen.
39 Joachim von Ribbentrop (1963-1946), ab 1938 NS-Aussenminister; in Nürnberg als Kriegsverbrecher verurteilt und hingerichtet.

Gewehr bei Fuß, sie wartete ab. Sie stand den Intrigen und Machenschaften hilflos gegenüber.

Zwar hatten General Ulex[40], Oberst Oster,[41] Oberst Salmuth[42] und Herr von Dohnanyi[43] aufgemuckt, aber Beck hatte gesagt: Offiziere meutern nicht". Der gleiche Beck, der dann ein halbes Jahr später als Chef des Generalstabs zurücktrat.

Im März 1938 nach dem Anschluß Österreichs wurde mein Vetter, Wilhelm Freiherr von Ketteler[44], der viel in meinem Elternhaus verkehrt hatte und mit meinen älteren Brüdern befreundet war, von der Gestapo in Wien in der Badewanne ertränkt. Er war damals der persönliche Referent beim Botschafter von Papen[45] in Wien. Die Ge-

40 Wilhelm Ulex (1880-1956), Befehlshaber im Wehrkreis I, Sympathisant der bekennenden Kirche; 1941 Ruhestand
41 Hans Paul Oster (1887-1945) Generalmajor der Wehrmacht und eine zentrale Persönlichkeit des militärischen Widerstandes, 21.Juli 1944 verhaftet und am 8.4.1945 gehängt
42 Hans von Salmuth (1888-1962), zuletzt Oberbefehlshaber an der Westfront.
43 Hans von Dohnanyi (1902-1945) Jurist; beteiligt am Attentatsversuch von H.v.Tresckows 1943; am 9.4.1945 gehängt.
44 Wilhelm von Ketteler (1906-1938), Diplomat. Mitarbeiter des Vizekanzlers Hitlers, Franz von Papen sowie Mitglied in einen konservativen Widerstandskreis („Edgar-Jung-Kreis", Papenkreis), der sein organisatorisches Zentrum in der Vizekanzlei Papens hatte - ohne dessen Wissen. 1938 plante er die Erschießung Hitlers und wurde im März (?) des Jahres durch die Gestapo ertränkt. Er war ein Vetter Philipp von Boeselagers; in Warburg am Gymnasium Marianum erinnert ein Gedächnisstein an ihn.
45 Franz von Papen (1879-1969), 1.6.1932 – 3.12.1932 Reichskanzler; 1933-34 Vizekanzler im Kabinett Hitler; nach dem Röhmputsch Botschafter in Wien und 1939-1944 in Ankara. Im Nürnberger Prozeß freigesprochen, in einem Spruchkammerverfahren (=Entnazifizierungsverfahren in den westlichen

stapo hatte ihn nach seiner Ermordung in die Donau geworfen.
Trotz des vorgetäuschten Selbstmordes wurde diese Tat der Gestapo bald ruchbar. Da Papen allgemein bekannt war und nicht zurücktrat, glaubte man, daß gegen Ketteler etwas Ehrenrühriges vorgelegen habe. Sonst wäre es doch unvorstellbar, daß Papen nicht zurücktrat.

Papen war ursprünglich, bevor er nach Wien kam, Vizekanzler bei Hitler gewesen. Um ihn hatte sich nach der Machtübernahme eine nationalkonservative Gruppe gebildet, die mit Hindenburg gegen Hitler vorgehen wollte. Diese Gruppe hatte Hitler, beginnend mit dem Mord 1934 am Pressechef des Vizekanzlers Franz von Papen, Herbert von Bose (1893-1934) und nun an Wilhelm von Ketteler zerschlagen.

Im April 1938 rief Goebbels[46] dann zum Boykott der jüdischen Geschäfte auf; und im gleichen Monat wurden aufgrund des „Gesetzes zur Wiederherstellung des Berufsbeamtentums" alle jüdischen Beamten entlassen. Wohl aus Protest gegen all diese Maßnahmen erschoss im November 1938 ein Jude in Paris den deutschen Bot-

---

Besatzungszonen) als Hauptschuldiger zu acht Jahren Arbeitslager verurteilt; 1949 vorzeitig entlassen.

46 Joseph Goebbels (1897-1945); Reichsminister für Volksaufklärung und Propaganda ab März 1933; Präsident der Reichskulturkammer; gegen Ende des Krieges engster Vertrauter Hitlers und sein testamentarischer Nachfolger. Nach Tötung seiner 6 Kinder und Ehefrau am 1.5.1945 Selbstmord.

schaftsattaché von Rath[47].

Daraufhin organisierte Goebbels die „spontane" Zerstörung von etwa 7000 jüdischen Geschäften und aller Synagogen.[48] Die Juden mußten 1 Milliarde RM Strafsteuer zahlen, rund 3000 wurden verhaftet.

Wir hatten – ich war damals schon Leutnant in Neuhaus bei Paderborn – von der „Kristallnacht"[49] nichts bemerkt und erst in der Frühe des gleichen Tages von den Geschehnissen gehört.

Man war allgemein empört. Ich erinnere mich noch sehr gut an die Gespräche beim Ausritt am Nachmittag. Es war für uns klar, daß wir – wenn wir am Abend in Paderborn spazieren gegangen wären und zufällig das Pogrom erlebt hätten, wir vom Notwehrparagraphen Gebrauch hätten machen müssen. Diesen Notwehrparagraphen kannte jeder Soldat auswendig.

Er wurde einem in der Rekrutenzeit beigebracht, wann man die Waffe, die jeder immer mitzutragen hatte, gebrauchen durfte. In

---

47 Ernst Eduard vom Rath (1909-1938), war Botschaftssekretär in Paris. Am 7.11.1938 verübte Herschel Grynszpan ein Attentat auf ihn, dem er am 9.11. erlag. Hitler nahm an seiner Beisetzung teil; dem NS-Regime galt er als Märtyrer und „Blutzeuge". Sein Tod lieferte dem Regime den Vorwand für die „Novemberprogrome" 1938.
48 Gemeint: Novemberprogrome gegen Juden und jüdische Einrichtungen vom 7.-13.11.1938.
49 So der ältere, irreführende Begriff für die Ereignisse am 9.11.1938.

diesem Zusammenhang spielte der Notwehrparagraph[50] aus dem Militärgesetzbuch eine wichtige Rolle: „Notwehr ist diejenige Verteidigung, die erforderlich ist, um einen gegenwärtigen rechtswidrigen Angriff, (es kommt auf jedes Wort an) gegen das Leben, die Ehre oder das Eigentum von sich, oder einem anderen abzuwehren". So hätten wir in Notwehr handeln müssen.

Wir glaubten damals, nach der „Kristallnacht" würde die höhere Generalität sicherlich einschreiten. Es war einfach undenkbar, daß Unrecht in Deutschland geschah, ohne daß eingeschritten würde. Es war für uns auch sicher, daß die Staatsanwaltschaft von sich aus tätig würde. Aber außer Vertröstungen durch unseren Kommandeur geschah nichts, es kam zum Krieg.

Heute weiß man, daß Hitler KZ-Häftlinge in polnische Uniformen gesteckt hatte, daß diese Häftlinge dann den schlesischen Sender Gleiwitz[51] angreifen mußten, um Hitler den Vorwand zum Polenkrieg zu geben. Wir wußten das damals nicht.

Nach dem Polenfeldzug hörten wir von Gräueltaten der SS im ehemaligen Korridor, dem Gebiet zwischen Ostpreußen und dem

---

50 Notwehr ist diejenige Verteidigung, die erforderlich ist, um einen rechtswidrigen Angriff von sich oder anderen abzuwenden. Notwehr als Rechtfertigung beseitigt die Rechtswidrigkeit.
51 Gehörte zu den von der SS fingierten Aktionen (31.8.1939), um einen Überfall auf Polen zu rechtfertigen.

Reich. Als Generaloberst von Blaskowitz[52] einschreiten wollte, war er daran gehindert und anschließend kaltgestellt worden.

Es war für mich und uns alle bis dahin fast undenkbar, daß der Staat planmäßig Unrecht tat. Unmoralität eines einzelnen Repräsentanten des Staates ja, aber daß der Staat selbst Unrecht tat, war undenkbar.

Man hörte das, aber man hatte es nicht erlebt. Man hörte vieles, aber man lernte, weder dem Radio, noch der Zeitung, noch irgendjemand zu glauben, den man nicht genau kannte. Man wurde immer vorsichtiger, denn jedermann „wußte genau Bescheid", je weniger er in Wirklichkeit wußte. Mit Flüsterpropaganda wurde von allen Seiten gearbeitet und dabei viel gelogen. Aber das war das erste Mal, daß wir authentisch von Übergriffen hörten!

Nach Beginn des Rußlandfeldzuges 1941[53] hörte ich das erste Mal von den Antieuthanasie-Predigten des Bischofs Galen.[54] Ich habe es

52 Johannes Blaskowitz (1883-1948), Generaloberst, führte die 8. Armee während der Invasion in Polen; 1944 an der Westfront eingesetzt. 1948 während der „Oberkommando"-Prozesse verübte er Selbstmord (?).
53 Beginn des Russlandfeldzuges ist der 22.06.1941, ohne Kriegserklärung
54 Clemens Kardinal Graf von Galen (1878-1946), Bischof von Münster 1933-1946, verurteilte öffentlich das NS-Gesetze zur „Verhütung erbkranken Nachwuchses", welches Kinder-Euthanasie, die systematische Ermordung geistig, körperlich oder seelisch behinderter Menschen legalisierte. Er hielt eindrucksvolle Predigten, in denen er das NS-Regime anklagte. Der Volksmund nannte ihn den „Löwen von Münster". 2005 selig gesprochen.

Generalfeldmarschall von Kluge (vorne), Philipp von Boeselager (dahinter)
Ostfront 1942

nicht gelesen. Aber der Inhalt der Predigten ging durch die ganze Wehrmacht, da die Tötung „unwerten Lebens", so nannte man das, uns Soldaten besonders berührte. Wir alle hatten Kameraden, die Kopfschüsse hatten, die also wahrscheinlich auch nach einem Lazarett-Aufenthalt nun unter die Rubrik „lebensunwert" fielen. Die Euthanasie beunruhigte alle Soldaten und deshalb gingen Galens Predigten wie ein Lauffeuer durch die ganze Wehrmacht. Sollte das der „Dank des Vaterlandes" für mutigen Einsatz im Felde gewesen sein? Das durfte nicht sein!

Im Gegensatz zu Galens Predigten kam der berüchtigte „Kommissarbefehl"[55] nie bis zu uns. Bei diesem Befehl handelt es sich um eine Order Hitlers vom Sommer 1941, alle gefangenen sowjetischen Kommissare zu erschießen. Kommissare waren die Politoffiziere, die es in allen russischen Einheiten gab, und die für die Durchsetzung der kommunistischen Ideologie in der entsprechenden Einheit verantwortlich waren. Dieser berüchtigte Mordbefehl wurde von vielen Stellen einfach nicht an die untergeordnete Dienststelle weitergeleitet. (Auf Befehl Stalins vom 3. Juli 1941 sollten alle deutschen Offiziere, die Parteigenossen waren, getötet werden.)

–

Eine kleine Episode, die das damalige politische Klima zeigt: Auf dem Vormarsch besuchte mich am Westufer des Dnjepr eines Tages ein deutscher Artillerieoffizier, mit dem ich einen gemütlichen Abend in meinem Unterstand verbrachte. Wir schimpften sehr über

55 Amtlich: Richtlinie für die Behandlung politischer Kommissare vom 6. Juni 1941. Es handelt sich um den bekanntesten, verbrecherischen Befehl der deutschen Wehrmachtsführung unter Generaloberst Alfred Jodl (1899-1946). Er enthielt die Anweisung, Kommissare der Roten Armee nicht als Soldaten zu behandeln bzw. nicht als Kriegsgefangene, sondern diese ohne Verhandlung zu erschießen. Im Nürnberger Prozess wurde Generaloberst Jodel u.a. wegen dieses Befehls verurteilt und am 16.10.1946 durch den Strang hingerichtet.

unseren Führer. Nach unserem Abschied war mir unwohl zumute, da ich aus meinem Herzen keine Mördergrube gemacht hatte. Hoffentlich würde mich der Artillerist nicht verpfeifen! Nach einem halben Jahr sah ich ihn irgendwo wieder.

Wir feierten unser Wiedersehen und gestanden uns gegenseitig, wie bedrückt wir nach unserem Treffen gewesen seien und wie sehr jeder um seinen Kopf gefürchtet hatte. Er war Joachim Oster[56], der Sohn des später ermordeten Widerstandskämpfers General Hans Oster.[57]

Im Winter 1941 wurde ich als Chef einer Reiter Schwadron (200 Reiter) vor Moskau schwer verwundet. Da ich im Mai 1942 noch nicht „frontverwendungsfähig" war, aber schon herumhumpelte, kam ich als persönlicher Ordonnanzoffizier zu Generalfeldmarschall von Kluge[58]. Kluge war damals Oberbefehlshaber der Heeresgruppe Mitte an der Ostfront. Dort gab es damals drei Heeres-

---

56 Joachim Oster (1914-1983), Sohn von General Hans Oster, gehörte ins Umfeld des militärischen Widerstandes; 1945 kam Oster in amerikanische Gefangenschaft.
57 Nach SS-Standgerichtsverfahren im April 1945 im KZ Flossenbürg.
58 Günther von Kluge (1882-1944), Generalfeldmarschall, Oberbefehlshaber der Heeresgruppe Mitte bis 1943, anschließend Oberbefehlshaber West. Schloss sich dem Widerstandskreis nicht an, fühlte sich aber kompromittiert und nahm nach seiner überraschenden Ablösung auf dem Weg nach Berlin am 15.8.1944 Gift.

gruppen: Nord, Mitte und Süd. Von diesen war die Heeresgruppe Mitte bei weitem die stärkste Heeresgruppe an der Ostfront, und in ihrem Stabe war Oberst von Tresckow, ein erbitterter Gegner Hitlers, als erster Generalstabsoffizier tätig.

Besichtigung des Kavallerie-Regiments Mitte durch Feldmarschall von Kluge (vorne Mitte), Rittmeister Philipp von Boeselager (links), Major Georg von Boeselager (rechts), 1943

Zum Heeresgruppengebiet gehörte noch ein breiter Streifen hinter der Front von etwa 200 bis 300 km Tiefe, das sogenante „rückwärtige Heeresgebiet". Daran anschließend ein Gebiet, das Reichskommissariat Ost, das der SS unterstand und das sich bis an das Reichsgebiet erstreckte. Der Befehlshaber in diesem Zwischengebiet war der SS-Obergruppenführer von Bach-Zelewski.[59]

Einige Tage nach meinem Dienstantritt bei Kluge erhielt ich nun eine Meldung aus diesem Bereich, in dem Sprengungen an Straßen und Brücken durch Partisanen für uns besonders interessant waren. Als letzter Punkt stand in der Meldung, die ich Kluge vortragen mußte: „5 Zigeuner sonderbehandelt". Da ich mir unter dem Wort „sonderbehandelt" nichts vorstellen konnte, sagte ich am Schluß meines Vortrages dem Feldmarschall: „Als letzter Punkt in der Meldung steht: 5 Zigeuner sonderbehandelt. Ich weiß aber mit dem Ausdruck nichts anzufangen". Kluge kannte diesen Ausdruck auch nicht. Er erwiderte: „Das werden wir klären. In den nächsten Tagen habe ich eine Besprechung mit Bach-Zelewski, und dann werde ich ihn fragen. Bitte erinnern Sie mich an die Frage".

Nach einigen Tagen kam wirklich der SS-Obergruppenführer von Bach-Zelewski, und am Schluß seines Berichtes fragte ihn Kluge, nachdem ich ihn daran erinnert hatte: „Ach, sagen Sie mal, was heißt eigentlich in Ihrer Meldung das Wort ´sonderbehandelt´? Sie hatten da 5 Zigeuner sonderbehandelt". Bach-Zelewski antwortete: „Die haben wir erschossen". „Wieso erschossen? Nach einem

---

59 Erich von Bach-Zelewski (1899-1972), SS-Obersturmbannführer, General der Waffen-SS und der Polizei. Er leitete die „Gegnerbekämpfung" in der Sowjetunion und kommandierte die Truppen, die den Warschauer Aufstand mit größter Brutalität niederschlugen. Letztlich 1962 zu lebenslanger Haft verurteilt, verstarb er 1972.

Kriegsgerichtsverfahren?" fragte Kluge. „Nein, nein" antwortete Bach-Zelewski, „alle Juden und Zigeuner, die wir packen können, erschießen wir".

Kluge und ich erschraken wirklich und Kluge sagte: „Wieso erschießen? Sie züchten ja nur Partisanen, wenn Sie die einfach so erschießen lassen. Das ist ja unglaublich. Wirklich, lassen Sie die ohne kriegsgerichtliches Urteil erschießen? Wie kommen Sie dazu?" Es gab dann einen recht lebhaften Disput zwischen Kluge und Bach-Zelewski, in dem Kluge auch darauf hinwies, daß diese Maßnahmen auch gegen die Haager Konvention[60] seien. Der Disput endete mit dem Ausspruch Bach-Zelewsks: „Alle Feinde des Reiches, das sind auch die Zigeuner und Juden", und dann schaute er Kluge an und fuhr fort: „Alle Feinde des Reiches werden von uns erschossen!" Das war eine absolute Drohung. Damit verabschiedete er sich.

Kluge meldete den Tatbestand wütend dem OKH (Oberkommando des Heeres) und bestand darauf, daß eingegriffen würde, da wir uns sonst hinter der Front nur Partisanen züchteten. Mit der Widerrechtlichkeit zu argumentieren, war nutzlos.

---

60 Haager Konventionen, Beschlüsse der Haager Friedenskonferenzen von 1899 und 1907. Neben der Genfer Konvention (1864ff.) wichtigster Teil des humanitären Völkerrechts; die 13 eigenständigen Abkommen enthalten kriegsvölkerrechtliche Regelungen.

Der einzig greifbare Erfolg war aber, daß wir von dieser Zeit an keine Meldung mehr von Bach-Zelewski bekamen. Ich war aber sicher, daß das Morden weitergehen würde. Das war das erste Mal, daß ich authentisch gehört habe, daß von oben der Mord an Zigeunern und Juden befohlen wurde. Das muß vor dem 10. Juni 1942 gewesen sein und hat mich sehr umgetrieben.

Ich habe mich im Stab immer wieder umgehört und mußte feststellen, daß man von Judenerschießungen wußte. Das Vorkommando des Stabes hatte es in Borissow[61] erlebt. Damals hatte die lettische SS in Borissow eine große Zahl Juden erschossen. Es wurde darauf umgehend der militärische Standortkommandant von Borissow zur Rede gestellt und befragt, wieso er so etwas habe zulassen können. Der Mann war überfordert, sah aber ein, daß er dies niemals hätte zulassen dürfen. Mit dem Vorwurf, er habe den Tod vieler Juden mitverantwortet, wollte er nicht weiterleben und erschoß sich! Der Vorfall hatte sich 1941 ereignet. All dies erweckte Abscheu, Entsetzen und Angst. Es war klar, daß diese Verbrechen auf unser Volk hundertfach zurückschlagen würden.

Eine Weile nach meiner Ankunft beim Heeresgruppenstab, also

---

61 Borissow auch: Baryssau, weißrussische Stadt an der Beresina. Im Juli 1941 hatte die Heeresgruppe Mitte ihr Hauptquartier in der Stadt. In den sechs Todeslagern in/um die Stadt wurden bis Juli 1944 ca. 33.000 Menschen ohne Gerichtsverfahren ermordet.

noch vor Stalingrad, zeichnete sich bereits die Unmöglichkeit ab, den Krieg im Osten siegreich zu beenden. Es mußte nach Ansicht der Heeresgruppe nach einer politischen Lösung gesucht werden. Die Gelegenheit dazu bot sich, als einige vaterlandsliebende Ukrainer der Heeresgruppe das Angebot machten, mit uns gemeinsam gegen Stalin[62] in den Krieg einzutreten, wenn dafür der Ukraine eine partielle Selbständigkeit im Kriege und nach Kriegsende eine territoriale Selbständigkeit zugesichert würde. Zum gleichen Zeitpunkt hatten wir in den Heeresgruppen der Ostfront etwa 700.000 bis 1 Million Hiwis (Hilfswillige), also ehemals russische Soldaten, die nun bei den deutschen Truppen im Tross eingesetzt wurden, und 3,6 Millionen russische Kriegsgefangene.

Henning von Tresckow, der 1. Generalstabsoffizier der Heeresgruppe, legte Kluge eine Studie vor, aus der hervorging, daß man das Angebot der Ukrainer sorgfältig prüfen und wenn möglich annehmen sollte. Mit ihnen und einem Teil der Kriegsgefangenen, die sicherlich nach der Proklamation eines Ukrainischen Staats mit uns gegen die Sowjet-Armee kämpfen würden, bestünde noch eine berechtigte Hoffnung, den Krieg im Osten als Sieger beenden zu kön-

---

62 Josef Stalin (1878-1953), totalitärer Diktator der Sowjetunion 1927-1953. Generalsekretär und 1941-45 Oberster Befehlshaber der Roten Armee („Generalissimus"), Vorsitzender des Rates der Volkskommissare (Regierungschef), ab 1946 Vorsitzender des Ministerrates der UdSSR; 1953 Tod durch Schlaganfall.

nen. Die Entscheidung mußte naturgemäß Hitler treffen und die verständigungswilligen Ukrainer wurden deshalb ans Führerhauptquartier weitergeleitet. Nach einer Weile hörten wir hintenherum, Hitler hätte es abgelehnt, auf den Vorschlag der Heeresgruppe einzugehen, ja nicht nur das, die Ukrainer wären als mögliche russische Elite umgebracht worden.

In unserem Ordonnanzoffizierszimmer hatten wir einen Lautsprecher, der es uns ermöglichte, alle Telefongespräche, die Kluge führt, mit anzuhören. Wir sollten sie mithören, um immer genauestens orientiert zu sein.

Die Gespräche mit Hitler waren äußerst spannungsreich. Es war höchst interessant festzustellen, wie psychologisch geschickt Hitler sie führte. Wenn er sich nämlich nicht entscheiden wollte oder seine Entscheidung anders ausfiel als Kluge es wünschte, und es deshalb zu einer gereizten Stimmung kam – diese Gespräche wurden ja nur geführt, wenn es um wirklich wichtige Fragen ging - , dann lenkte Hitler im letzten Moment immer ab. Er sagte dann beispielsweise: „Herr Feldmarschall, ich habe mir übrigens erlaubt, Ihrer Frau ihre Lieblingsblumen zum Geburtstag zu schicken, und im Übrigen müssen wir uns die Fragen, die wir besprochen haben, nochmals durch den Kopf gehen lassen. Ich rufe Sie nochmals an".

So umging Hitler immer eine harte, sachliche Auseinandersetzung am Schluß eines Gespräches. Mehrmals hatte ich schon geglaubt, das Telefongespräch würde mit der Entlassung Kluges enden. Aber kurz vor einem Eklat bog Hitler mit ein paar persönlichen Worten die letzten Spitzen wieder ab, sodaß Kluge nichts sagen konnte, während Hitler die Entscheidung verschob. Hitler versicherte dann, daß er Kluge nochmals anrufen würde. Er rief selbstverständlich nicht wieder an und war für Kluge auch nicht mehr zu erreichen. Die Entscheidung wurde dann so gefällt, wie Hitler sie ursprünglich gewollt hatte. Das habe ich mehrmals erlebt. Kluge war bei diesen Gesprächen ein harter Kämpfer ohne jede Angst.

Zu Kluges 60. Geburtstag Ende Oktober 1942 rief plötzlich Hitler an, um ihm zu gratulieren. Gegen Ende des Gespräches sagte Hitler dann zu Kluge: „Herr Feldmarschall, ich habe gehört, Sie wollen einen Kuhstall in Böhne[63] (dem Gut seiner Frau) bauen. In Anbetracht Ihrer Verdienste um das deutsche Volk schenke ich Ihnen für 250.000 Reichsmark Bezugsscheine für Baumaterial". Damit verabschiedete sich Hitler.

Man konnte damals, 1942, ohne Sondergenehmigung keinerlei Baumaterial kaufen. Hitler hatte deshalb Kluge die Bezugsscheine

63 Heute: Ortsteil der Stadt Rathenow im Havelland/Brandenburg

und das Geld geschenkt. Mit den Worten :"Auf Wiedersehen Herr Feldmarschall" und „Heil, mein Führer!" als Kluges Antwort war das Gespräch beendet.

Mir hatte es den Atem verschlagen. Kluge klingelte auch schon, und ich ging zu ihm hinein. Ich merkte gleich, daß es ihm nicht angenehm war, daß ich dieses Gespräch mitgehört hatte. Wir kannten uns nun schon ein halbes Jahr und waren ständig zusammen.

Kluge begann das Gespräch: „Boeselager, haben Sie gehört, was der Führer am Schluß gesagt hat", ich bejahte. „Was halten Sie davon, von dem Geschenk?" Ich antwortete, damals gerade 25 Jahre alte, „Herr Feldmarschall, ich kann mich nicht erinnern, je gehört zu haben, daß ein preußischer Feldmarschall oder General im Krieg eine Dotation bekommen hätte. Nach einem gewonnenen Krieg ja, selbstverständlich, aber nicht während des Feldzuges. Ich würde das Geld dem Roten Kreuz geben".

Mit etwas schlechtem Gefühl ging ich weg. Ob mein Rat wohl richtig war? Ob er wohl von Kluge befolgt würde?

Ich eilte zum 1 a (= Oberst im Generalstab) der Heeresgruppe, Oberst von Tresckow, das war ein Weg von 200 bis 300 Metern. Tresckow war ein charismatischer Offizier mit einer ungewöhnlichen Ausstrahlung. Ein großartiger Mann! Ein Preuße durch und durch. Aber nicht ein Preuße, wie er heute immer wieder dargestellt wird, sondern einer von denen, deren Parole war: Ich diene, ich diene aus einer christlichen Haltung heraus. - Der Staat war es, dem sie dienten. So hatten sie ihren Königen gedient und kannten daher die Könige sehr genau, sodaß sie ihnen auch immer mit einer gewissen Skepsis dienten. Preußen, das war eine Idee! Als Preuße war man Infanterist. Für einen preußischen Adligen war es das größte Vorrecht, in einem Garderegiment der Infanterie zu dienen, dem ersten Garderegiment zu Fuß.[64] Das war eine Weltanschauung. Das Wort „Zurück" gab es nicht. Die Tradition dieser preußischen Garderegimenter hatte in der Reichswehr das Infanterie-Regiment Nr. 9 übernommen, und es ist kein Zufall, daß aus diesem Regiment mehr Widerstandskämpfer hervorgegangen sind als aus jedem anderen. Sein letzter Adjutant war der ehemalige Bundespräsident Richard von Weizsäcker.[65] Ich erzählte Tresckow den Inhalt des Gespräches zwischen Kluge und Hitler. Am Schluß fragte ich ihn, ob ich Kluge richtig geraten habe.

64 Das 1. Garderegiment zu Fuß wurde 1806 gegründet und war das Leibregiment aller preußischen Könige. Nach dem 1.Weltkrieg wurde es aufgelöst und seine Tradition als 1. Kompanie des Infanterie-Regiments 9 in Potsdam fortgesetzt; umgangssprachlich hieß es Regiment „Graf Neun". Ein Reihe von Mitgliedern des militärischen Widerstandes stammten aus diesem Regiment.
65 Richard Frhr. von Weizsäcker (1920-2015), 1981-84 Reg. Bürgermeister von Berlin; 1984-1994 der 6.te Bundespräsident der Bundesrepublik Deutschland. Sein Vater war der Diplomat Ernst von Weizsäcker, sein Großvater der württembergische Ministerpräsident Karl Hugo von Weizsäcker.

Da ich vermutete, Kluge würde nochmals auf das Telefongespräch zurückkommen, wollte ich mir bei Tresckow Rat holen. Er war mir ein väterlicher Freund. Ich wußte, daß ich mit ihm darüber sprechen könnte, ohne meine Schweigepflicht als Ordonnanzoffizier zu verletzen.

Zu meinem Erstauen wollte Tresckow von mir die Erlaubnis haben, in einem Gespräch mit Kluge das Telefonat mit Hitler erwähnen zu dürfen. Daraufhin gab es einen lebhaften Disput zwischen Tresckow und mir. Am Schluß sagte ich ihm: „Herr Oberst, ich bin persönlicher Ordonnanzoffizier des Feldmarschalls. Das ist eine absolute Vertrauensstellung. Herr Oberst dürfen von dem Gespräch zwischen uns keinen Gebrauch machen. Ich bin nur zu Ihnen gekommen, um mir einen persönlichen Rat zu erbitten und nicht zu meinem Vorgesetzten. Mein Vorgesetzter ist allein der Feldmarschall". Als Tresckow sah, daß es mir ernst war, begründete er seine Bitte, indem er sagte: „Der Feldmarschall darf sich nicht vom Führer abhängig machen. Wir brauchen ihn im Kampf gegen Hitler". Mit diesem Satz hatte sich Tresckow offenbart und mich in den Kreis seiner Widerstandsgruppe hinein genommen. Von dieser Stunde an gehörte ich zur Widerstandsgruppe Tresckow. Von dieser Stunde an war ich bei Gesprächen abends oft dabei. Es drehte sich nicht um die Frage, ob ein Attentat erlaubt sei, sondern wie es zu geschehen hätte und dergleichen mehr. Vom Heeresgruppenstab schreibt Peter Hoffmann in seinem Buch: Staatsstreich, Attentat. München 1974 : „Insgesamt war im Stab der Heeresgruppe Mitte die stärkste Widerstandsgruppe konzentriert, die je bestanden hatte". (S. 332)

Neben Kluge waren die beeindruckendsten Männer im Stab der Heeresgruppe Mitte die Angehörigen der so genannten 1a-Staffel. Diesen Offizieren hat Fabian von Schlabrendorff, der als Ordonnanzoffizier von Tresckow zu dieser Staffel gehörte, in seinem Buch „Begegnungen in fünf Jahrzehnten" ein Denkmal gesetzt.

Schlabrendorff selbst war als Christ und Preuße der alten Schule – sein Vater war General gewesen – schon vor Kriegsbeginn ein überzeugter Gegner Hitlers. Er hatte mit seiner überragenden Intelligenz schon frühzeitig den Nazismus Hitlers durchschaut. Schlabrendorff machte es seinen Freunden nicht leicht. Er war verschlossen und konnte aufbrausend sein. Sein ätzender Spott konnte vernichten. Doch all dies wurde, wenn man ihn näher kannte, durch seine Toleranz, sein immer waches Interesse für seine Mitmenschen und seine Demut vor Gott wettgemacht. Darüber hinaus hat er nach seiner Festnahme nach dem 20. Juli und in seiner Haftzeit eine Treue und Tapferkeit gezeigt, die vielen seiner Freunde, so auch meinem Bruder und mir, das Leben gerettet hat. Er war und blieb sein ganzes Leben sich selbst, seinen Freunden und dem Haus Hohenzollern[66] treu.

Im Laufe dieser Gespräche lernte ich Menschen näher kennen, deren Wertvorstellungen vorbildlich waren. Ihrer zu gedenken und ihnen nachzuleben würde der heutigen Generation helfen können.

Ein Großteil dieser Offiziere – an der Spitze ihr geistiger Führer Tresckow – sind ermordet worden oder haben sich das Leben genommen.

Ein Erlebnis im Führerhauptquartier

Mußt Du mitmachen oder darf man sich drücken? Hat man recht in seiner Beurteilung Hitlers oder hat man Unrecht?

Das waren drängende Fragen. Um dann den einmal gefaßten Entschluß zu untermauern, suchte man immer wieder weitere Begründungen. Der Eid, den ich auf Hitler geschworen habe und der bei vielen Soldaten ein ernstes Hindernis war, gegen Hitler vorzugehen, war dies bei mir nicht; daß der Eid eine zweiseitige Bindung

---

66 Das Haus Hohenzollern – 1060 erstmalig erwähnt - zählt zu den einflußreichsten Dynastien in der deutschen Geschichte mit Hauptsitz auf der schwäbischen Hohenzollernburg. Die brandenburgisch-preußische Linie stellte deutsche Kaiser und preußische Könige, wie die Markgrafen von Brandenburg. Heute steht das Verhalten des Hauses Hohenzollern während der NS-Zeit in der öffentlichen Diskussion, denn an dieser Frage orientiert sich die Berechtigung des Hauses auf umfangreiche Entschädigungsleistungen durch staatliche Stellen.

sei und daß Hitler ihn unzählige Male gebrochen hatte. Alles das war bald klar.

Wie unverantwortlich die höchste Führung war, möchte ich an einem eigenen Erlebnis zeigen. Wenn es die Lage erforderte, kam es zu persönlichen Gesprächen von Kluge und Hitler. Es mußte allerdings schon etwas Ungewöhnliches geschehen oder von der Führung der Heeresgruppe beabsichtigt sein. Dann wurde die Besprechung rechtzeitig terminiert, und Kluge flog in das jeweilige Führerhauptquartier. Dies lag im Frühsommer 1942 in Winniza[67] in der Ukraine. Diese Gespräche wurden genauestens vorbereitet, und mit einem Sack voller Argumente für die eigenen Absichten flog man los.

Bei einem meiner Besuche ging es darum, ob die 9. Armee, die in einer sehr ungünstigen Stellung lag, nämlich gerade dort, wo der russische Vormarsch im Winter 1941/42 hatte aufgehalten werden können, auf eine günstigere, kürzere Stellung zurückgenommen werden dürfe. Die Heeresgruppe erhoffte sich, erstmals wieder Reserven bilden zu können, um umsichtig die Frontdivisionen, die seit

---

67 Ort in der Ukraine, ca. 300 km südwestlich von Kiew. 1942 befand sich ca. 8 km nördlich von Winniza das Führerhauptquartier „Werwolf". In der Nähe lagen auch die Unterkünfte des Oberkommandos der Wehrmacht und der Wehrmachtsführungsstab (General A. Jodl). 2011 wurde an der Stelle dieses Hauptquatiers eine Gedächnisstätte zum Gedenken an ca. 10000 in Winniza ermordete Juden errichtet. - Es gab ca. 20 Führerhauptquartiere.

Kriegsbeginn in ständigem Einsatz waren, zur Auffrischung herausziehen zu können.

Georg und Philipp von Boeselager (mittig)

Für mich persönlich ging es darüber hinaus darum, ob meine alte
Schwadron, dazu viele Bekannte und Freunde, die in der betreffen-
den Armee dienten, aus der Gefahr der Einkesselung herauskämen
oder nicht. So flogen wir voller Sorge nach Winniza.

Damals war es das erste Mal, daß ich als Ordonnanzoffizier nicht
an der Besprechung teilnahm und auch nicht mit Hitler zusammen

nach der Besprechung aß, sondern ich saß an der Tafel Bormanns[68]. Er war der Chef der Parteikanzlei des Führers, aber in Wirklichkeit war er nach Hitler der mächtigste Mann im Staat. An seinem Mittagstisch aßen die Vertreter aller Ministerien, er war der Hausherr. Bormann war eine widerliche Type. Er sah roh und gewalttätig aus, mit schlecht sitzender Uniform, ein Schlägertyp, vor dem man Angst hatte, ein brutaler Mann.

Während des Essens ging das Gespräch über mich, den jungen Oberleutnant, hinweg. Ich war äußerst interessiert daran, zu hören und zu sehen, wie es im Führerhauptquartier zugehe. Sehr bald richtete der Vertreter des Auswärtigen Amtes in seiner fabelhaften Uniform an Bormann die Frage, was er im folgenden Falle machen sollte: Der Erzherzog Josef, ein österreichischer Generalfeldmarschall, würde 70 Jahre alt. Sollte man ihm ein Glückwunschtelegramm schicken? Er machte aber darauf aufmerksam, daß der Feldmarschall mit einer katholischen Wittelsbacherin verheiratet sei (daß die Habsburger selbst katholisch waren, schien er nicht zu wissen, denn sonst hätte er nicht auf die katholische Frau hingewiesen). Darauf entschied Bormann: „Der bekommt kein

---

68 Martin Bormann (1900-1945), Leiter der Parteizentrale der NSDAP, Reichsleiter beim Stellvertreter des Führers; Vertrauter Hitlers; in Nürnberg in Abwesenheit zum Tode verurteilt. Vermutlich am 2.5.1945 erschossen. Befund von 1973/1998

Telegramm!"

Als wir dann zum Nachtisch kamen, beschwerten sich einige Herren, daß im Führerhauptquartier zu dieser Zeit, in der es noch Erdbeeren gäbe, Kirschen serviert würden, bei denen man die Steine ausspucken müsse. Den Höhepunkt bildete am Schluss ein Gespräch, in dem festgelegt werden sollte, wer von den anwesenden Herren sich in der Nacht um die „Damen" der KdF-Truppe (Kraft durch Freude), die im Führerhauptquartier gastierten, „kümmern" solle.

Das war also das Führerhauptquartier! Ich war entsetzt und erschüttert. Bei uns im Heeresgruppenstab wäre in keiner Abteilung ein so schlichtes Niveau überhaupt denkbar gewesen. Ich war erregt und wütend und stand auf und ging aus dem Eßzimmer hinaus. Draußen steckte ich mir eine Zigarette an, um mich zu beruhigen. Da kam auch schon eine Ordonnanz heraus und sagte mir: „Sie sollen zum Reichsleiter (Bormann) hereinkommen!" Bormann fragte mich, weshalb ich den Eßsaal verlassen hätte. Ich antwortete ihm, daß ich mir als Oberleutnant und Ordonnanzoffizier des Feldmarschall von Kluge unter dem Führerhauptquartier etwas ganz anderes vorgestellt hätte. Wir wären in größter Sorge um die 9. Armee hergekommen, und hier drehe sich dann die Unterhaltung um die Frage, ob man Kirschen oder Erdbeeren bekäme. Und das im Führerhauptquartier, wo doch die Sorgen sicherlich größer seien als bei einer einzelnen Heeresgruppe.

Darauf brüllte Bormann irgendetwas, und ein SS-Mann kam und führte mich nebenan in ein kleines Zimmer. Ich holte mir meine Zigarette wieder und wartete der Dinge, die da kommen würden. Die kamen nach einer Weile, als ich draußen Kluge „Boeselager, Boeselager" rufen hörte. Der Posten vor meiner Tür sagte ihm irgendetwas und dann riß Kluge meine Tür auf und ich sagte: „Hier". „Was machen Sie da" - fragte Kluge, und als ich es ihm erklären wollte, sagte er nur: „Nein, nachher im Flugzezug". Wir stiegen ins Auto, das uns zum Flugzeug brachte. Im Flugzeug meldete ich Kluge, was geschehen war. Er sagte: „Ja, ja. Ich habe Sie diesmal herausgeholt und das nächste Mal halten Sie Ihren Schnabel. Recht haben Sie aber".

Für mich war das eine zutiefst deprimierende Erfahrung, wie gleichgültig den braunen Herren im Führerhauptquartier der Krieg und das Schicksal der Soldaten an der Front waren.

Tresckow suchte lange Zeit für seine Attentatspläne eine Einheit, auf die man sich absolut verlassen könne und für diese Einheit noch den entsprechenden Kommandeur. Letzteres war fast noch schwieriger, da die Offiziere immer wieder hin- und herversetzt wurden oder durch Verwundungen oder andere Gründe ausfielen.

Mein Bruder Georg, damals schon ein hochdekorierter Kavallerie-Offizier[69] schien mir für Tresckows Attentatspläne besonders geeignet, und ich sagte es Tresckow.

Durch Zufall kam mein Bruder, der nach dem Erhalt des Eichenlaubs zum Ritterkreuz Ausbilder bei der deutschen Militärmission in Rumänien war, auf der Durchreise in unser Hauptquartier. Im Laufe eines Gespräches mit Generalfeldmarschall von Kluge fragte dieser ihn nach seiner alten Schwadron. Am Beispiel dieser Schwadron wurde von Georg das Schicksal der meisten Schwadronen geschildert. Die Reiter wurden nun aufgeteilt, von den Divisionen als Melder verwendet und verschlissen. Mein Bruder schlug Kluge vor, die Reste der alten hervorragend ausgebildeten Reiterschwadron aus den Divisionen herauszuziehen und aus ihnen einen von Motorfahrzeugen unabhängigen Verband zu bilden, der entsprechend ausgerüstet an den Brennpunkten im Bereich der Heeresgruppe eingesetzt werden könne. Damit verfüge die Heeresgruppe dann über eine wirkliche Eingreifreserve, und die Kader der alten Schwadronen aus den Friedenskavallerie-Regimentern würden

69 Georg Frhr. von Boeselager (1915-1944), der 2 Jahre ältere Bruder Philipp Boeselagers, ebenfalls aufgewachsen auf der Burg Heimerzheim bei Bonn, legte 1934 das Abitur im Aloisius-Kolleg in Bonn ab und trat am 1.4.1934 in das 15. Reiterregiment in Paderborn, 1.Schwadron Schloßkaserne Neuhaus ein; zum 1.4.1936 wurde er zum Leutnant befördert. Georg Boeselager war ein hervorragender Rennreiter. Die Regimentsgeschichte zählt 100 Pferderennen, die er zwischen 1936 und 1939 geritten haben soll.

zweckentsprechend eingesetzt.

Kluge überlegte sich Georgs Vorschlag, und am nächsten Vormittag sagte er zu Georg: „Ich habe mir Ihren Vorschlag heute Nacht überlegt. Ich bin einverstanden. Gehen Sie zu Tresckow und regeln mit ihm die Einzelheiten". Kluge wußte nichts von meinen Gesprächen mit Tresckow, dem ich vor der Ankunft meines Bruders gesagt hatte, daß er mit meinem Bruder denjenigen finden würde, den er für seine Attentatspläne suche. Georg ging nun zu Tresckow, und die beiden waren sich sofort einig. Tresckow schrieb später einmal an Georg: „Nur wenige Minuten haben bei uns genügt, um zu wissen, was wir voneinander zu halten hatten!" Es entstand und bestand von Stunde an ein ungeheures Vertrauen zwischen beiden. Das war die Stunde der Wiedergeburt der Kavallerie, die Geburtsstunde des „Kavallerieverbandes Boeselager".

Die Aufstellung begann am 1. Januar 1943. Bis zum März waren die ersten vier bis fünf Schwadronen beisammen. Bei ihnen waren ausgezeichnete Offiziere, mit denen man den Teufel aus der Hölle holen konnte.

Anfang März wurde klar, daß Tresckows alter Wunsch, Hitler zur Heeresgruppe zu locken, in Erfüllung gehen würde. Schon lange war besprochen worden, daß Hitler bei einem Frontbesuch getötet werde sollte, da dann die größte Chance bestand, Hitlers Sicherheits-Kordon auszuspielen.

Es war besprochen und bis in alle Einzelheiten durchexerziert, daß Hitler und Himmler[70], der mitkommen wollte, im Offizierskasino der Heeresgruppe durch ein Pistolenattentat getötet werden sollten. Kluge hatte ich eingeweiht. Er hatte grundsätzlich zugestimmt. Erst im letzten Moment, als feststand, daß Himmler nicht mitkommen würde, untersagte Kluge das Attentat. Er fürchtete einen Bürgerkrieg zwischen Heer und SS, wenn Himmler am Leben bleiben würde. So wurde das Attentat, das genauestens vorgeplant wurde – jeder wußte wo er hereinkommen oder sitzen mußte – abgesagt.

Als zusätzliche Sicherung war noch die damalige 1. Schwadron des Reiterverbandes als Straßensicherung eingesetzt. Sie sollte offiziell die Straße zwischen dem Flugplatz und dem Hauptquartier Kluges sichern. In Wirklichkeit war besprochen und vorgesehen, daß die

---

70 Heinrich Himmler (1900-1945), Reichsführer SS, Chef der Deutschen Polizei, Reichskommissar für die Festigung deutschen Volkstums, als Reichsinnenminister und Befehlshaber des Ersatzheeres verfügte Himmler ab 1943 über eine nur Hitler vergleichbare Machtfülle. Zugleich steht er für die ungeheuren Verbrechen an Millionen von Menschen. 1934 übernahm die SS qua Vertrag die Wewelsburg bei Paderborn als Versammlungsort für SS-Gruppenführer (Generäle). Himmlers Ziel war die Schaffung eines großgermanischen Imperiums; er war es auch, der die Vernichtung der europäischen Juden, den Holocaust, gestützt auf die SS, ins Werk setzte. Auf seinen Befehl hin sollte kein Insasse der Arbeits- oder Konzentrationslager zu Kriegsende lebend zurück gelassen werden. Wurde im Mai 1945 von englischen Soldaten bei Lüneburg gefangen genommen. Am 23.Mai tötete er sich selbst vermittels einer Zyankalikapsel.

Schwadron Hitler festnehmen sollte, wenn aus irgendwelchen Gründen das Pistolenattentat scheitern sollte. Bei uns allen war die Enttäuschung nach Hitlers Heimflug groß. Ich spüre in der Erinnerung noch die angespannte Atmosphäre, als Hitler mit seiner Begleitung zu uns in die Baracke kam.

Als die Besprechung zu Ende war und wir ins Kasino gingen, wo das Attentat geplant gewesen wäre, war es mir kaum möglich, einen unbeteiligten Eindruck zu machen. Die Spannung war fast unerträglich und dieser Tag ein Tag größter Enttäuschung.

Anschließend übernahm ich als Abteilungskommandeur die 1. Abteilung im Kavallerieregiment Mitte. Wir waren zum „Versuchstruppenteil" gemacht worden, um schnellstens mit modernstem Gerät und Waffen ausgerüstet zu werden, und sollten unter anderem zur Tarnung verschiedene Sprengstoffe in ihrer Wirkung vergleichen und erproben. Da ich als Leutnant im Frieden eine Pionierausbildung in Höxter/Weser gehabt hatte, wurde meine Abteilung mit diesen Sprengstoffversuchen beauftragt. Für diesen Zweck bekamen wir russischen, polnischen, ungarischen und auch englischen Sprengstoff zugeteilt. Normalerweise gab es nur deutschen und russischen Sprengstoff an der Ostfront. Bei den Versuchen schnitt der englische Sprengstoff am besten ab. Zudem arbeiteten die englischen Zünder besonders leise.

Kurze Zeit, nachdem ich die 1. Abteilung übernommen hatte, kam der Chef unserer Panzerkompanie zu mir. Er trat völlig verstört in mein Zimmer und sagte mir, er sei zwei Tage im Urlauberzug aus Deutschland zusammen mit SD-Leuten (Sicherheitsdienst der SS) gefahren, die sich gerühmt hätten, im Bereich der Heeresgruppe Süd (Generalfeldmarschall von Manstein)[71] 250.000 Juden umgebracht zu haben.

Nun seien sie in den Bereich Heeresgruppe Mitte versetzt worden, um auch diesen „judenrein" zu machen. Die SD-Leute hätten viel Alkohol bei sich gehabt und in allen Einzelheiten geschildert, wie sie alles gemacht hatten.

Heute wissen wir um diese Geschehnisse. Damals wußten wir das im Einzelnen nicht.

Der Hauptmann war ganz erschüttert, wie sie sich mit grauenhaften Einzelheiten gebrüstet hatten, und kam zu mir, um sich auszukotzen. Ich rief meinen Bruder an und sagte ihm: „Ich muß sofort zu Kluge!" Er fragte: „Was ist los?" Ich sagte zu ihm: „Herr Major, das melde ich später, es hat nichts mit dem Regiment zu tun!" „Gut

71 Erich von Lewinski genannt von Manstein (1887-1973), Berufsoffizier, ab 1942 Generalfeldmarshall bei der Heeresgruppe Süd; im März 1944 im Konflikt mit Hitler entlassen. Im August 1945 von britischen Truppen interniert; zu 18 Jahren Haft verurteilt, 1953 entlassen, beriet von Manstein die Bundesregierung beim Aufbau der Bundeswehr.

fahr“ antwortete er und hatte schon an meiner offiziellen Anrede gemerkt, daß da etwas Wichtiges im Gange sei.

Ich bin dann zu Kluge gefahren und wurde auch sofort vorgelassen, da ich ja noch kurz zuvor bei ihm selbst Ordonnanzoffizier gewesen war. Ich meldete ihm alles, was der Hauptmann gesagt hatte, und er entließ mich mit den Worten: „Gehen Sie sofort zu Tresckow, das muß unterbunden werden“. Ich fuhr zu Tresckow und berichtete ihm den Vorgang.

Die Heeresgruppe glaubte meiner Meldung, und Tresckow ließ einen Befehl an alle Ortskommandanturen herausgeben, in dem das Sammeln und Versammeln russischer Zivilisten verboten wurde, wann und wo immer das geschehe, und daß der Heeresgruppe umgehend Meldung von solchen Vorhaben zu erstatten sei. Soweit ich weiß, sind daraufhin im Bereich der Heeresgruppe Mitte keine Juden erschossen worden. Bei meinem Besuch 1985 im Archiv der Gedenkstätte Yad Vashem[72] in Jerusalem wurde mir dies bestätigt. Aber ich und wir alle wußten wieder einmal, was hinter dem Rücken der deutschen Soldaten geschah.

General Stieff,[73] ein Freund Tresckows, ein alter Gegner Hitlers,

---

72 Gedenkstätte in Jerusalem der Märtyrer und Helden des Staates Israel im Holocaust. Bedeutendste Erinnerungsstätte an die nationalsozialistische Judenvernichtung.

73 General Hellmuth Stieff (1901-1944), Generalmajor und Widerstandskämpfer; war angesichts der Massenmorde in Polen zum Gegner des

war Chef der Organisations-Abteilung im OKH und hatte uns bei der Aufstellung des Regiments tatkräftig geholfen. Stieff besann sich wohl eines Tages darauf, daß wir englischen Sprengstoff hätten. Jedenfalls bekam ich von meinem Bruder die Order, einen Teil des Sprengstoffes Stieff in meinem Koffer perönlich zu überbringen. Ich packte den Sprengstoff mit den entsprechenden Zündern in meinen Koffer und flog mit der Kuriermaschine zum OKH. Es war abgemacht, daß Stieff mir einen Offizier mit einem Auto ans Flugzeug schicken würde, da ich wegen meines lädierten Beines den schweren Koffer schlecht schleppen konnte. Als ich aus der Maschine stieg, war kein Mensch da, um mich abzuholen. Also ging ich mühsam mit dem Koffer über den großen Platz. Mehrmals kam ein Gefreiter, um mir den Koffer abzunehmen. Doch ich traute mich nicht, den Koffer abzugeben, da ich glaubte, jeder müsse mer-

Nationalsozialismus geworden. Unterstützte die Attentatsversuche von A.von dem Bussche (November 1943) anläßlich einer Uniformschau (Juli 1944); er wurde aber nicht tätig. Am 20. Juli 1944 flog er mit Claus Graf Stauffenberg und Werner Haeften ins Führerhauptquartier „Wolfschanze" bei Rastenburg. In der Nacht vom 20/21.Juli wurde er dort mit der Absicht gefoltert, Namen von Widerständlern zu nennen. Er schwieg und rettete so das Leben u.a. von Philipp und Georg von Boeselager. Am 2.8.1944 wurde aus Generälen der Wehrmacht der sog. „Ehrenhof" gebildet, dessen Aufgabe es war, Widerständler vom 20. Juli aus der Wehrmacht auszustoßen, wodurch diese der Wehrgerichtsbarkeit entzogen und der politischen Justiz (Volksgerichtshof) überstellt wurden. Im ersten derartigen Prozess wurde Helmuth Stieff am 8.8.1944 durch den Präsidenten des Volksgerichtshofes - Freisler - zum Tod durch Erhängen verurteilt und unmittelbar danach in Plötzensee (Berlin) hingerichtet.

ken, daß er schwerer als jeder normale Koffer sei. Als ich über den halben Platz gegangen war, kam schließlich ein Auto und brachte mich zu Stieff. Dieser war gerade in einer Besprechung, und ich ging in der Wartezeit in das Tag und Nacht durchlaufende Kino im OKH. Es wurde „Das Bad auf der Tenne", eine Humoreske, gezeigt. Aber ich habe nicht sonderlich auf das Stück acht gegeben, sondern nur immer aufgepaßt, daß keiner von den ständig wechselnden Zuschauern an meinen Koffer stieß.

Endlich kam jemand und rief mich zu Stieff herein. Ich übergab den Sprengstoff mit meinem Koffer und erläuterte ihm die Zünder und deren Verwendung und verließ mit vielen Grüßen von meinem Bruder wieder das OKH.

Nach dem Krieg habe ich das weitere Schicksal meines Koffers erfahren: Stieff fuhr kurze Zeit nach der Kofferübergabe in Urlaub und übergab dem Adjutanten des Generals der Osttruppen, General Köstring[74], dem damaligen Hans (Johnnie) Herwarth von Bittenfeld[75] den Koffer zur Aufbewahrung (Herwarth war nach dem Krieg deutscher Botschafter in London und Staatssekretär bei Bundespräsident Lübke). Herwarth versteckte den Koffer unter seinem

74 Köstring, Ernst-August (1876-1953), zuletzt General der Kavallerie , amerikanische Gefangenschaft, 1947 entlassen
75 Bittenfeld, Hans-Heinrich Herwath von, (1904-1999), deutscher Beamter und Diplomat, innerhalb der Herresgruppe Süd eingesetzt; nach 1945 im Bundeskanzleramt und im Auswärtigen Amt (Protokollchef) tätig.

Bett. Köstring und er wohnten damals beide in der „Jägerhöhe“ nahe dem OHK. Diese war eine Baracke, in der die banat-deutschen Mädels, die dort putzten, jeden Tag die Zimmer an einer Gangseite reinigten, heute die linke, morgen die rechte. Wenn Bittenfelds Zimmer geputzt wurde, schob er den Koffer unter Köstrings Bett, der auf der anderen Gangseite wohnte. Am Abend holte er den Koffer dann wieder zu sich. Bittenfeld hatte Köstring das gesagt, was Stieff ihm bei der Kofferübergabe gesagt hatte: „Schauen Sie nicht in den Koffer, der Inhalt ist zu heiß für Sie!“ So lag der Koffer längere Zeit unter beiden Betten.

Kurz vor dem 20. Juli 1944 erbat sich Stieff den Koffer und nahm einen Teil des Sprengstoffs heraus und gab dann den Rest Herwarth v. Bittenfeld wieder zur Aufbewahrung. Falls dieser englische Sprengstoff vor dem Attentat jemals gefunden worden wäre, so wäre der Verdacht wohl kaum auf uns im Osten gefallen.

In der Zwischenzeit war Tresckow, der beim Stab der Heeresgruppe Mitte eingesetzt gewesen war, Chef des Stabes bei der 2. Armee, der südlichsten Armee der Heeresgruppe geworden. Kurz vor seiner Versetzung hatte er noch das in der Zwischenzeit zu einer Brigade vergrößerte Kavallerie-Regiment Mitte zur 2. Armee verlegt, um „sein Regiment“ in der Nähe zu haben.

Mein Bruder war im Herbst 1943 mit mir verwundet worden und

humpelte in den Wochen vor dem 20. Juli 1944 beim Armeestab herum.

Kluge, der im Herbst 1943 schwer mit dem Auto verunglückt war, wurde Anfang Juli 1944 Oberbefehlshaber West mit Sitz in Paris. Ihm unterstand damit die gesamte Westfront.

Das geplante Attentat stand dicht bevor, und es war für die Verschwörer von entscheidender Bedeutung zu wissen, wie jetzt 1944, Kluge zu einem Attentat stünde und ob er vielleicht sogar bereit sei, nach der Invasion der Normandie, im Westen zu kapitulieren und damit das Kriegsende zu beschleunigen.

Mein Bruder wurde von Tresckow zu Kluge geschickt mit dem Auftrag, dies alles zu klären. (Um Georgs Flug nach Paris zu tarnen, wurde unser gemeinsames, sehr gutes Rennpferd „Lord Wagram" nach Paris gebracht, um in Longchamp[76] zu laufen, und damit hatte Georg einen Grund, nach Paris zu fahren. (So etwas war 1944 noch möglich!)

Mein Bruder sollte Kluge nahe legen zu kapitulieren, da sonst, das war Tresckows Beurteilung der Lage, der Krieg sich noch ein Jahr hinschleppen und Deutschland den Russen preisgegeben würde.

---

76 Name der bedeutenden Pferderennhahn in Paris. Zur Feier des Endes des Ersten Weltkrieges wurde der „Prix de l`Arc de Triomphe" als Rennen eingerichtet und bis auf die Jahre 1939 und 1940 durchgängig als eines der bedeutensten Rennen weltweit bis heute gelaufen.

Georg erklärte sich bereit für die Kapitulationsverhandlungen nach London zu fliegen. Kluge lehnte das Angebot ab mit der Begründung, er habe keinen zuverlässigen Piloten, der meinen Bruder nach England zu den Verhandlungen bringen könne, und außerdem sei eine Kapitulation nicht erforderlich, da die gesamte Westfront in Kürze zusammenbrechen werde. Verbittert über Kluge fuhr mein Bruder zurück. Er hatte von ihm mehr Entschlussfähigkeit und Tapferkeit erwartet.

Anfang Juli sagte mir mein Bruder, das Attentat im Führerhauptquartier stünde kurz bevor, und ich solle zur Sicherung der neuen Regierung in Berlin 1200 Mann – also sechs Schwadronen – aus der Front vorsichtig herausziehen, die dann unter meiner Führung nach Berlin geflogen werden sollten.

Er selbst werde nach dem Attentat einen Verband führen, bestehend aus meinem Regiment und einem Regiment unserer Nachbardivision – auch dies sollte nach Berlin geflogen werden. Er selbst bleibe bis zum Attentat beim Stab der 2. Armee, bei Tresckow.

Um den 14. oder 15. Juli herum wies mein Bruder mich an, die Verlegung vorzubereiten.

Es war kein eigentlicher Befehl, denn Georg war damals noch nicht unser Brigadekommandeur, sondern ohne direktes Kommando beim Stab. Insofern handelte ich auf eigene Faust, aber natürlich wäre ich, wenn nötig, von Tresckow gedeckt worden. Georg hatte mich schon Wochen zuvor angewiesen, „im Ernstfall" nach Möglichkeit mit sechs kriegsstarken Schwadronen abzurücken. Da sowohl die Attentatsplanung als auch die Gefechtslage der 2. Armee nicht vorhersehbar waren, solle ich die Einzelheiten selbst regeln.

Der Quartiermeister der Brigade war andeutungsweise orientiert und sollte uns Großraum–LKWs zuführen, die der Heeresgruppenstab zur Verfügung stellte.

Die Lastwagen waren zu einem Sammelpunkt bestellt, wohin unsere Schwadron reiten sollte. Die Pferde sollten dort bleiben, die abgesessenen Kavalleristen mit den Lastwagen zu einem Feldflugplatz fahren. Wir würden nach Berlin-Tempelhof fliegen, und ich hatte Karten von Berlin erhalten, um dort führen zu können.

Ich löste bereits am 15. Juli Teile meiner Abteilung aus der Front heraus – etwa 200 Mann – und schickte sie nach hinten, um sie für den Berlin-Einsatz griffbereit zu haben. Die geschlossenen Schwadronen, nämlich 1. bis 4. meiner I. Abteilung und die 6. bis 8. der II. Abteilung meines Regiments wurden am 18. Juli nach einer Ruhepause und dem Empfang von Munition und Verpflegung nach Westen in Marsch gesetzt zu den bereits vorher herausgezogenen 200 Mann. Ich blieb zunächst an der Front, nämlich bei den letzten

Teilen der kavalleristischen Nachhut, die noch in schwere Gefechte verwickelt war. Als wir dann ostwärts Brest-Litowsk[77] unseren Kampfauftrag erfüllt hatten, die Infanterie wieder in festen Stellungen war, wurden wir durch die Front zu neuer Verwendung abgezogen.

Auf meinem letzten Gefechtsstand erreichte mich am 18. Juli, einige Stunden nach dem Abmarsch der Berlin-Schwadronen, Georgs Nachricht: Auf nach Berlin. Ich fuhr den nach Westen reitenden Schwadronen nach und hatte sie in der Nacht zum 19. Juli schnell erreicht.

Weiter ging es im Gewaltritt den ganzen Tag und die ganze Nacht nach Westen. Ich begleitete die Abteilung teils im Sattel, teils erkundete ich mit dem Auto die Wege. Georg war zu uns gestoßen und schleuste die ersten drei Schwadronen durch Brest-Litowsk mit einigen Schwierigkeiten, denn die Stadt war zum „festen Platz" erklärt worden.

Damit hatte der Festungskommandant das Recht und die Pflicht, keinen Soldaten herauszulassen. Ich leitete deshalb die letzten drei Schwadronen um Brest herum. Nur wenige der Schwadronschefs

---

77 Brest-Litowsk, weißrussische Stadt, nordöstlich von Lublin an der Grenze zu Polen. Durch den im März 1918 hier ausgehandelten Friedensvertrag zwischen Sowjetrussland und den Mittelmächten unter deutscher Führung bekannt geworden.

wußten, daß wir in Berlin eingesetzt werden sollten. Dort sollten wir ja erst nach einem geglückten Attentat eingreifen. Dann wäre der an Hitler bindende Eid hinfällig gewesen. Ich bin fest davon überzeugt, daß die Reiter uns dann bedingungslos gefolgt wären. Es war viel zu gefährlich, die Offiziere über das unbedingt Erforderliche hinaus einzuweihen. Die Rache der Nazis wäre furchtbar gewesen. Natürlich haben einige doch etwas „gerochen".

Lassen wir einen Zeitzeugen zu Wort kommen, den Chef der 6. Schwadron, Rittmeister Alexander Frevert-Niedermein, später Generalmajor der Bundeswehr. Er war in die Verschwörung nicht eingeweiht und schreibt (1989 in einem mir vorliegenden Manuskript) folgendes über diesen Ritt: „Mit meiner Schwadron hatte ich am Morgen des 18. Juli als Nachspitze der II. Abteilung den Kanal bei Horedes überschritten. Überraschend erhielt ich dort den Befehl, einen kurz zuvor empfangenen Einsatzauftrag nicht auszuführen. Vielmehr hatte ich mit meiner Schwadron nach nur wenigen Stunden der Auffrischung und Erholung sowie personeller und auch materieller Verstärkung – auf rund 300 Mann/320 Pferde – noch am gleichen Nachmittag einen Marsch Richtung Westen anzutreten. Der Auftrag lautete: zügig Marsch in Richtung Brest-Litowsk ohne verzögernde Aufenthalte.

Auch am Abend und in der Nacht 19./20. Juli wurde der Marsch

mit weithin nur kürzesten Versorgungshalten fortgesetzt. Übermü-
dete Reiter rutschten mehrfach in dieser zweiten Nacht – sogar im
Trab eingeschlafen – aus dem Sattel. Nach 200 km in rund 36 Stunden erreichten wir am 20. Juli gegen 15.00 Uhr den Ort Lachowka.
Befehle zur Vorbereitung auf den LKW-Transport folgten. Für zu-
rückbleibende Teile wurde „1 Mann/10 Pferde“ befohlen – gegenüber sonst „1 Mann/4 Pferde“ bei normalem „Absitzen zum
Kampf“ - eine wesentlich erhöhte Kampf- und Einsatzstärke also.
Wie wir erst sehr viel später erfuhren, war der LKW-Transport zu
einem Feldflughafen vorgesehen und vorbereitet. Von dort sollte
der Flug nach Berlin erfolgen.

Irgendwann am Spätnachmittag des 20. Juli 1944 kam der Melder
meines Bruders und gab mir einen Zettel mit der Aufschrift: „Alles
in die alten Löcher“. Das war das Deckwort für „Attentat nicht aus-
geführt“. Jetzt galt es, den Ritt nach Westen abzubrechen und so
rasch wie möglich wieder ostwärts zu reiten, möglichst ehe der
Sonderritt aufgefallen war. Es muß den Offizieren schon merkwür-
dig vorgekommen sein: Erst ritt man in einem Höllentempo nach
Westen, und dann hieß es plötzlich „Halt, Kehrtmachen“, und alles
stürmte wieder nach Osten. Es war schon auf dem Hinweg ver-
dächtig gewesen, daß man auf meinen Befehl selbst im Städtchen
über das Pflaster traben mußte, was sonst zur Schonung der Pferde

strengstens verboten war. Als die Schwadronen plötzlich an einer Straßenecke Georg stehen sahen, parierten sie aus Angst vor einem Rüffel schleunigst zum Schritt durch. Aber Georg rief ihnen zu: „Vorwärts, vorwärts". Das hatte es noch nie gegeben. Da mußte etwas Merkwürdiges los sein.

Am Abend hörte man von dem mißglückten Attentat und ritt gleichzeitig gen Osten zurück. Hatte das nichts miteinander zu tun? Manche ahnten etwas, aber alle hielten den Mund. Wir ritten wieder zur Front. Ich ritt an der Spitze der Schwadronen. Schweigend trabten wir in die beginnende Nacht. Man hörte nur das Knirschen der Sättel und das Knarren des Zaumzeugs. Jeder hing seinen Gedanken nach. Die Zukunft stand schwarz und drohend vor mir.

Henning von Tresckow tötete sich mit einer Gewehrgranate am 21. Juli an der Front. Fabian von Schlabrendorff vermittelte uns folgende Worte Tresckows aus der Nacht vor seinem Tode: „Wenn einst Gott Abraham verheißen hat, er werde Sodom nicht verderben, wenn auch nur zehn Gerechte darin seien, so hoffe ich, daß Gott Deutschland um unsertwillen nicht vernichten wird. Niemand von uns kann über seinen Tod Klage führen. Wer in unseren Kreis getreten ist, hat damit das Jesus - Hemd angezogen. Der sittliche Wert eines Menschen beginnt erst dort, wo er bereit ist, für seine Überzeugung sein Leben hinzugeben".

Mein Bruder übernahm kurz nach dem 20. Juli die Brigade als Kommandeur. Ich übernahm das Reiterregiment 41 bei der 4. Kavalleriebrigade. Die erste Zeit nach dem Attentat war deprimierend und zermürbend. Täglich hörte man von Verhaftungen und Selbstmorden beteiligter Freunde.

Mein Bruder fiel am 27. August 44 bei letzten harten Kämpfen an der ostpreußischen Grenze bei Ostrolenka / Regierungsbezik Zichenau. Erst die Verleihung der „Schwerter zu Eichenlaub des Ritterkreuzes des Eisernen Kreuzes" an ihn und seine Beförderung zum Oberst nach seinem Tode ließen bei mir die Hoffnung wachsen, daß die Nazis von unserer Beteiligung nichts ahnten.

Viele, die von unserer Beteiligung wußten, hatten Selbstmord verübt: Tresckow, Schulze-Büttger, Oertzen, Voss[78]. Die anderen hatten geschwiegen wie Stieff und Schlabrendorff. Letzteren hatte man noch wegen uns schwer gefoltert, aber er hatte trotz aller Folterungen durchgehalten. Und nur deshalb kann ich heute hier stehen und Ihnen von dem Mut all dieser Frauen und Männer berichten.

---

78 Hans Alexander von Voss (1907-1944), Berufsoffizier und Widerstandskämpfer; er war an der Vorbereitung verschiedener Attentatsplanungen beteiligt. Seine Kontakte zum Kreis um den 20. Juli wurden nicht aufgedeckt; ein Hinweis auf seine drohende Festnahme durch die Gestapo veranlaßte ihn im November 1944 zum Selbstmord.

Philipp Freiherr von Boeselager in Österreich, Mai 1945

Literatur:

Die nachfolgend genannte Literatur dient nur der interessierten Vertiefung des Vortrages.

Aretin, Felicitas von, Die Enkel des 20. Juli. Leipzig 2004

Bechtolsheim, Sophie von, Stauffenberg, Mein Großvater war kein Attentäter. Freiburg 2019

Benz, Wolfgang u.a., Enzyklopädie des Nationalsozialismus. Stuttgart 1997

Ders., Der deutsche Widerstand gegen Hitler. München 2014

Ders., Im Widerstand. Größe und Scheitern der Opposition gegen Hitler. München 2018

Ders.u.a. (Hg.), Lexikon des Deutschen Widerstandes. Frankfurt 1994

Börste, Norbert/Santel, Gregor, Schloss Neuhaus bei Paderborn. Berlin/München 2015

Ders., Gustav Friedrich, Ross und Reiter. Eine Dokumentation am Beispiel des Kavallerie-Regiments 15. Paderborn 1996

Boeselager, Philipp von, Wir wollten Hitler töten.Aus dem Französischen v. R.Tiffert. München 2008

Ders., Der Widerstand der Heeresgruppe Mitte.(=Beiträge zum Widerstand 1933-45. H.40). Gedenkstätte Deutscher Widerstand. Berlin 1990

Ders., Geschichte des 15. (preuß.) Reiterregiments und des Kavallerieregiments 15. Rede am 22.6.1996 in Paderborn-Schloss Neuhaus. o.O./o.J.

Carsten, Francis L., Widerstand gegen Hitler. Die deutschen Arbeiter und die Nazis. Frankfurt 1996

Conze, Eckart u.a., Das Amt und die Vergangenheit. Deutsche Diplomaten im Dritten Reich und der Bundesrepublik Deutschland. München 2010

Doepen, Heinz, "Georg Freiherr von Boeselager 1915-1944", in: G. Hohmann, Deutsche Patrioten in Widerstand und Verfolgung 1933-1945. Paderborn 1986, S.53ff.

Ders, Georg von Boeselager. Herford /Bonn 1986

Ders,, Georg von Boeselager. Kavallerie-Offizier in der Militäropposition gegen Hitler. Herford/Bonn 1986

Fest, Joachim, Staatsstreich: Der lange Weg zum 20.Juli. Berlin 1994

Finker, Kurt, Graf Moltke und der Kreisauer Kreis. Berlin 1993

Fittkau, Ludger/ Werner, Marie-Christine, Die Konspirateure. Der zivile Widerstand hinter dem 20. Juli 1944. Darmstadt 2011

Gedenkstätte Deutscher Widerstand, „Ihr trugt die Schande nicht...". Die frühen Erinnerungen an den 20. Juli 1944. Katalog zur Sonderausstellung. Berlin 2019

Gersdorff, Rudolph-Christian Frhr. von, Soldat im Untergang. Frankfurt u.a.1977

Hase, Friedrich-Wilhelm von, "Persönliche Erinnerungen eines Zeitzeugen", in: Frank-Lothar Kroll/ Rüdiger von Voss (Hg.), Für Freiheit, Recht, Zivilcourage. Der 20.Juli 1944. München 2020, S.13 ff.

Ders. (Hg.), Hitlers Rache. Das Stauffenberg – Attentat und seine Folgen für die Familien der Verschwörer. Holzgerlingen ²2017

Heinemann, Winfried, Unternehmen „Walküre". Eine Militärgeschichte des 20. Juli 1944. München 2019

Hohmann, Friedrich G. (Hg.), Deutsche Patrioten in Widerstand und Verfolgung 1933-1945. Paderborn 1986

Hürter, Johannes, Hitlers Heerführer. Die deutschen Oberbefehlshaber im Krieg gegen die Sowjetunion 1941/42. München 2006

John, Antonius, Philipp von Boeselager. Bonn 2007

Keyserlingk-Rehbein, Linda von, Nur eine „ganz kleine Clique?" Die NS-Ermittlungen über das Netzwerk vom 20. Juli 1944. Berlin 2018 (mit hervorragendem Quellen- und Literaturverzeichnis)

Dies., Ein Band über Zeit und Raum. Die Beteiligung von Frauen am Umsturzversuch vom 20. Juli 1944 und ihre Verfolgung durch das NS-Regime. Dresden 2018

Köhler, Jochen, Helmuth James von Moltke. Hamburg 2008

Kurowski, Franz, Die Heeresgruppe Mitte. Friedberg 2001

Lier, Barbara, "Das Hilfswerk des 20. Juli 1944", Die Geschichte der Hinterbliebenen der Hitler-Attentäter von 1944. Schriftenreihe der Forschungsgemeinschaft 20. Juli 1944 e.V., Bd. 28, Augsburg 2020

Longerich, Peter, Heinrich Himmler. Biographie. Berlin 2008 (mit einem ausgezeichneten Quellen- und Literaturverzeichnis)

Mayer, Tilman, „Die geschichtspolitische Verortung des 20. Juli 1944", in: APUZ, 28. Juni (2004)

Meding, Dorothee von, Sarkowicz, Hans, Philipp von Boeselager. Der letzte Zeuge des 20. Juli 1944. München 2008

Dies., Mit dem Mut des Herzens. Die Frauen des 20. Juli. München 1997

Müller, Klaus-Jürgen, Generaloberst Ludwig Beck. Eine Biographie. Paderborn 2008

Mühlen zur, Bengt (Hg.), Die Angeklagten des 20. Juli 1944 vor dem Volksgerichtshof. Berlin 2001

Mühleisen, Horst, „Helmuth Stieff und der deutsche Widerstand", in: Vierteljahreshefte für Zeitgeschichte. 39. Jg. Nr. 3 (1991), S.27 ff.

Pahl, Magnus u.a., Der Führer Adolf Hitler ist tot." Attentat und Staatsstreichversuch am 20. Juli 1944. Militärhistorisches Museum Dresden, Berlin 2019

Scheurig, Bodo, Henning von Treschow. Ein Preuße gegen Hitler. Frankfurt 1987

Schirrmacher, Frank, „Ich hätte ihn erschießen können". Ein Gespräch, in: FAZ vom 2.5.2008, S.33

Schlabrendorff, Fabian von, Offiziere gegen Hitler. Hg. von Gero Gaevernitz. Frankfurt 1959

Ders., Begegnungen in fünf Jahrzehnten.Tübingen 1979

Steffahn, Harald, Claus Schenk Graf von Stauffenberg. Hamburg 2018

Steinbach, Peter, Der 20. Juli 1944. Gesichter des Widerstandes. München 2004

Steinke, Ronen, „Späte Ehre. Vor 75 Jahren wollten die Männer um Stauffenberg Hitler töten", in: SZ vom 20./21. Juli, S.5

Tresckow von, Henning, Ich bin, der ich war. Hg. v. S. Grabner und H. Röder, Texte und Dokumente. Berlin 2017

Trott zu Solz, Clarita von, Adam von Trott zu Solz. Eine Lebensbeschreibung. Berlin 1996/2009

Ueberschär, Gerd, Stauffenberg. Der 20. Juli 1944. Frankfurt 2004

Vogel, Thomas (Hg.), Aufstand des Gewissens. Militärischer Widerstand gegen Hitler und das NS-Regime 1933-1945.

Begleitband zur Wanderausstellung des Militärgeschichtlichen Forschungsamtes. Hamburg 2000

Voss, Rüdiger von, Der Staatsstreich vom 20.Juli 1944. Politische Rezeption und Traditionsbildung in der Bundesrepublik Deutschland. Berlin 2011

Westphalen Graf von, Raban, Widerstand im Grundgesetz. Anmerkungen zu Art. 20 (4) GG, in: Bodunger Beiträge, Heft 10 (2005)

Witzleben, Georg von, "Wenn es gegen den Satan geht...". Erwin von Witzleben im Widerstand. Hamburg 2013

Wette, Wolfram, Die Wehrmacht. Feindbilder. Vernichtungskrieg. Legenden.Frankfurt 2002

Wuermeling, Henric, Doppelspiel. Adam von Trott zu Solz im Widerstand gegen Hitler. München 2004

Zeller, Eberhard, Oberst Claus Graf Stauffenberg. Ein Lebensbild. Paderborn 1994